法藏知津

六 編

杜潔祥 主編

第15冊

中國佛教寺院鐘鼓樓的形成背景與建築形制及布局研究

玄勝旭 著

花木蘭文化事業有限公司

國家圖書館出版品預行編目資料

中國佛教寺院鐘鼓樓的形成背景與建築形制及布局研究／
玄勝旭 著 — 初版 — 新北市：花木蘭文化事業有限公司，
2019〔民 108〕
目 4+264 面；19×26 公分
（法藏知津六編 第 15 冊）
ISBN 978-986-485-754-8（精裝）
1. 廟宇建築 2. 中國
618   108001553

ISBN-978-986-485-754-8

9 789864 857548

法藏知津六編
第十五冊   ISBN：978-986-485-754-8

中國佛教寺院鐘鼓樓的形成背景與
建築形制及布局研究

作　　者　玄勝旭
主　　編　杜潔祥
副總編輯　楊嘉樂
編　　輯　許郁翎
出　　版　花木蘭文化事業有限公司
社　　長　高小娟
聯絡地址　235 新北市中和區中安街七二號十三樓
　　　　　電話：02-2923-1455／傳眞：02-2923-1452
網　　址　http://www.huamulan.tw 信箱 hml810518@gmail.com
印　　刷　普羅文化出版廣告事業
初　　版　2019 年 3 月
定　　價　六編 17 冊（精裝）新台幣 36,000 元

中國佛教寺院鐘鼓樓的形成背景與建築形制及布局研究

玄勝旭 著

作者簡介

玄勝旭（Hyun Seung-Wook），男，1978 年 5 月生於韓國。2005 年畢業於韓國高麗大學建築工學科，獲學士學位；2008 年 7 月獲清華大學建築學院建築歷史與理論專業碩士學位；2013 年 7 月獲清華大學建築學院建築歷史與理論專業博士學位。2013 年到 2017 年期間，在韓國國立文化財研究所擔任先任研究員。現為國立江原大學建築學科教授、江原道文化財委員會專門委員、韓國建築歷史學會理事。

提　　要

　　佛教寺院鐘鼓樓，是中國明清佛教寺院最為代表的對稱樓閣建築。在佛教寺院中出現鐘鼓樓建築之前，在宮殿、城市等其他類型建築中，早就設置鐘樓與鼓樓。但是，目前，對於宮殿、城市、佛寺鐘鼓樓之間的相互演變關係，以及對於佛寺鐘鼓樓的形成時期，尚未有系統而明顯的研究成果。因此，本書對於中國佛教寺院鐘鼓樓建築對設制度的形成背景與建築形制及布局特徵進行研究。

　　本研究，首先，考察佛寺鐘鼓樓制度的形成背景，主要對於宮殿和城市鐘鼓樓建築的形成及演變過程進行分析，以及對於佛教寺院內對稱樓閣建築的布局演變過程進行分析。其次，考察佛寺鐘鼓樓的形成時期，即對於佛寺鐘鼓樓制度的始建時期及確立時期進行分析。最後，對於中國佛寺鐘鼓樓實物現狀進行梳理，然後考察佛寺鐘鼓樓建築形制與布局特徵。此外，對於韓國佛教寺院鐘鼓樓建築進行簡單梳理。

　　通過本研究的分析，得出如下結論：

　　一、佛寺鐘鼓樓制度的形成背景，可以分為外在因素和內在因素：佛寺鐘鼓樓形成的外在因素，是宮殿鐘鼓樓制度的廢止。之後，城市鐘鼓樓和佛寺鐘鼓樓，互相影響而發展，各成為明清城市和明清佛寺的代表布局方式；佛寺鐘鼓樓形成的內在因素，則是佛寺內鐘樓與其他樓閣之間的對稱布局變化，即從「鐘樓與經藏」對稱布局開始，經過「鐘樓與輪藏」和「鐘樓與觀音閣」對稱布局，終於固定形成為「鐘樓與鼓樓」對設布局。

　　二、佛寺鐘鼓樓制度的形成時期：佛寺鐘鼓樓制度的始建時期推定於元末時期，佛寺鐘鼓樓制度的確立時期推定於明代中期，即由明正統年間至明正德年間。

　　三、佛寺鐘鼓樓建築形制與布局特徵：明清佛寺鐘鼓樓最為普遍的形式為，重簷歇山頂二層樓閣式；上層為木製障日板壁，下層為磚牆；上層平面為面闊、進深各一間，下層為面闊、進深各三間。一般位於第一進院落內兩側，即山門和天王殿之間兩側。

第 1 章 緒 論

本書是清華大學建築學院王貴祥教授主持的國家自然科學基金項目：「5～15世紀古代漢地佛教寺院內的殿閣配置、空間格局與發展演變（項目批准號51078220）」之子課題。

1.1 研究背景與問題

（佛寺鐘鼓樓制度）此或是仿自宮殿制度。[註1]

叢林鐘鼓樓固然是古代城市報時制度的模仿。[註2]

宋代以後，才有佛寺鐘、鼓樓對設的制度。[註3]

對置於寺院前兩側的鐘鼓樓，構成了元代以後明清兩代寺院最顯著的特徵與標誌。[註4]

本研究為從以上的對於佛寺鐘鼓樓形成背景及時期的不同看法中才開始出發的。佛寺鐘鼓樓，為明清佛寺中最為典型的一組對稱樓閣建築。那麼，佛寺鐘鼓樓對設布局如何形成？它模仿宮殿鐘鼓樓制度，還是模仿城市鐘鼓樓？它從宋代以後開始形成，還是從元代以後開始？

關於這些問題，不少學者已經作出不同的看法。首先，就佛寺鐘鼓樓的形成背景而言，即對於宮殿、城市、佛寺鐘鼓樓的相互發展演變而言，目前

〔註1〕張十慶，中國江南禪宗寺院建築，武漢：湖北教育出版社，2001：90。
〔註2〕嚴昌洪、蒲亭強，中國鼓文化研究，廣西教育出版社，1997：95。
〔註3〕蕭默，敦煌建築研究，北京：機械工業出版社，2002：36。
〔註4〕潘谷西主編，中國古代建築史，第四卷第二版，北京：中國建築工業出版社，2009：318。

尚沒有明確的答案。然後，就佛寺鐘鼓樓的形成時期而言，學者之間意見不一。大多數學者認爲，佛寺鐘鼓樓對設制度始建於明代，但有的認爲從金元時期開始，甚至有的認爲宋代以後就開始。（表 1.1）

　　因此，本書將以解決如下三個重點問題爲目標展開研究。

　　第一、佛寺鐘鼓樓對設制度的形成背景。

　　第二、佛寺鐘鼓樓對設制度的始建及確立時期。

　　第三、佛寺鐘鼓樓的建築形制與布局特徵。

表 1.1　佛寺鐘鼓樓制度形成時期的不同看法

始建時期	確立時期	論著者	相 關 論 述	資 料 出 處
宋代以後	－	蕭默	「直到宋代以後，才有佛寺鐘、鼓樓對設的制度。」	蕭默，敦煌建築研究，北京：機械工業出版社，2002：36
金元時期	－	柴澤俊	「中國隋唐時期，山門內中線上只設鐘樓而不設鼓樓者是其固制。時至金元時期，始興鐘鼓二樓對峙的局面。」	柴澤俊，普救寺原狀考，柴澤俊古建築修繕文集，北京：文物出版社，2009：165
元明時期	－	鄭毅	「（佛寺鐘鼓樓）至元、明時期，發展爲鐘樓、鼓樓在山門內左右對峙而立，成爲寺廟建築格局中，不可缺少的組成部分。」	鄭毅，淺談鐘鼓樓在我國城鎮中的設置及發展，鐘鼓樓，北京：文物出版社，2009：403
元代以後	－	潘谷西	「鼓樓於寺院中的出現，是明代寺院布局上的一個新要素，並形成了左鐘樓右鼓樓對置的格局。對置於寺院前兩側的鐘鼓樓，構成了元代以後明清兩代寺院最顯著的特徵與標誌。」	潘谷西主編，中國古代建築史，第四卷，第二版，北京：中國建築工業出版社，2009：318
明初至明末	明末清初	黃暉北覃輝	「由明初至明末，鐘鼓相峙的格局漸趨固定，明末清初成爲鐘鼓樓格局確立的時期。」	黃暉北、覃輝，鐘鼓樓的發展，山東建築大學學報，2008（02）：119
明代以後	－	張十慶	「關於鐘樓與鼓樓，南宋禁廷已有鐘鼓樓之設，明以後則形成鐘樓與鼓樓對置於天王殿左右的配置形式，此或是仿自宮殿制度，晨鐘暮鼓也成爲明以後寺院的典型意象。」	張十慶，中國江南禪宗寺院建築，武漢：湖北教育出版社，2001：90

一	明代	戴儉	「明代最終固定為左鐘樓，右鼓樓相峙的布局模式。」	戴儉，禪與禪宗寺院建築布局研究，華中建築，1996（03）：94
明代	一	賀從容	「在漢傳佛教寺院中，鐘鼓樓相對之制的流行大約在明代。」	賀從容，山西陵川崇安寺的建築遺存與寺院格局，中國建築史論匯刊，第六輯，北京：中國建築工業出版社，2012：109
明代中葉	一	中國建築史編寫組編	「大概到明代中葉，才在其對應的西側建立鼓樓」	中國建築史編寫組編著，中國建築史，北京：中國建築工業出版社，1986：90

1.2　研究內容與論文框架

　　本書對於佛寺鐘鼓樓的形成背景與建築形制及布局特徵進行研究。除了第 1 章緒論和第 8 章結論之外，本文主要分為三大部分。（圖 1.1）

圖 1.1　本書基本框架

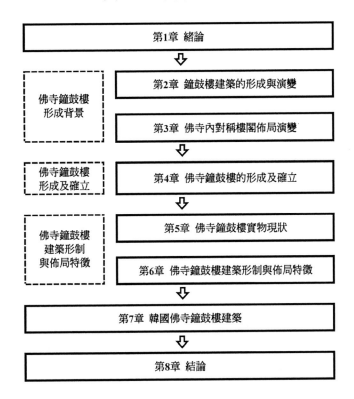

第一部分為第 2 章和第 3 章，是考察佛寺鐘鼓樓制度形成背景的部分：第 2 章主要對宮殿、城市等鐘鼓樓建築的形成及演變進行分析；第 3 章主要對佛寺內對稱樓閣布局演變過程進行分析。

第二部分為第 4 章，是分析佛寺鐘鼓樓的形成及確立時期的部分。

第三部分為第 5 章和第 6 章，是考察佛寺鐘鼓樓建築形制與布局特徵的部分：第 5 章主要對佛寺鐘鼓樓實物現狀進行梳理；第 6 章主要對佛寺鐘鼓樓建築形制與布局特徵進行分析。

此外，在第 7 章中，對韓國佛寺鐘鼓樓建築進行簡述，並對中國和韓國的佛寺鐘鼓樓建築特徵進行比較。

然後，為了容易區別不同的樓閣建築，在第 2 章至第 7 章的圖像資料中，使用「△」、「○」、「□」等來表示，其含義如下：

表 1.2　本文圖像資料中的不同樓閣的表示

建築類型	鐘樓	鼓樓	經藏或輪藏	其他樓閣或樓閣式塔
圖中表示	△	○	□	⟳

1.3　研究範圍與方法

在中國佛教三大體系，即漢傳佛教、藏傳佛教、南傳佛教中，本書以漢傳佛教的寺院建築為主進行研究。但為了彌補中國早期佛寺資料的缺乏，還參考一些韓國和日本的佛寺情況。

本研究的時間範圍為，由佛教初傳時期至明清時期；空間範圍為，以漢傳佛教盛行的地區為主。但在第 5 章佛寺鐘鼓樓實物現狀考察中，為了便於收集資料與實地調研，在第一批至第五批的國家重點文物保護單位的漢地佛寺中，排除了廣東、甘肅、雲南、四川地區的佛寺。〔註5〕

本書研究方法，文獻研究與實地調研相結合。在第2、3、4、7章中，主要使用大量的文獻記載及相關圖像資料來進行分析；在第5、7章中，主要使

〔註 5〕這些佛寺共 11 座，如廣東地區有光孝寺（第一批）、南華寺（第五批）、元山寺（第五批）、潮州開元寺（第五批）；甘肅地區有興國寺（第四批）；雲南地區有筇竹寺（第五批）；四川地區有平武報恩寺（第四批）、寶光寺（第五批）、覺苑寺（第五批）、閬中永安寺（第五批）、觀音寺（第五批）。

用實地調研的資料及相關書籍來進行考察。

1.4　相關研究成果

1.4.1　對於佛寺布局及佛寺鐘鼓樓布局的研究

在中國古代建築中，佛教建築是僅次於宮殿建築的重要建築類型。因此，很多學者對佛教建築曾經作過大量的研究，但這些研究主要集中於佛寺內佛殿、高閣、佛塔等的單體建築、以及石窟寺等的方面，至於中國佛寺布局的研究成果不太豐富。佛寺布局研究，主要見於相關研究中的幾個章節裏，還見了一些綜論性論文中，目前尚未出版全面的、系統的專著。其代表成果如下。

《梵宮：中國佛教建築藝術》〔註6〕的第一章和第三章闡述了佛寺布局：第一章爲宿白寫的《漢地佛教布局初探》〔註7〕。他以有關早期佛寺的文獻爲主，對東漢三國、兩晉南北朝、隋代的佛寺布局特徵進行分析；第三章爲傅熹年寫的《中國早期佛教建築布局演變及殿內像設的布置》。他在此除了對於中國佛寺由以塔爲中心向以佛殿爲中心的布局演變分析之外，還對於日本早期佛寺布局情況也進行簡單梳理。

《中國建築藝術全集（12）佛教建築（一）北方》〔註8〕的第三章「北方佛教建築形制與布局的演變」中談到佛寺布局問題。此書先把北方佛寺建築形制分爲三個形式，即宮塔式佛寺、樓塔式佛寺、廊院式佛寺。

　　《中國古代建築史》第二卷至第五卷〔註9〕，雖然是從宏觀的角度來論

〔註6〕趙樸初倡、周紹良主編，梵宮：中國佛教建築藝術，上海：上海辭書出版社，2006。

〔註7〕《漢地佛教布局初探》是由宿白曾經發表過的《東漢魏晉南北朝佛寺布局初探》和《隋代佛寺布局》組成，見表1.2。

〔註8〕曹昌智主編，中國建築藝術全集（12），佛教建築（一），北方，北京：中國建築工業出版社，2000。

〔註9〕傅熹年主編，中國古代建築史，第二卷第二版，北京：中國建築工業出版社，2009。

　　　　郭黛姮主編，中國古代建築史，第三卷第二版，北京：中國建築工業出版社，2009。

　　　　潘谷西主編，中國古代建築史，第四卷第二版，北京：中國建築工業出版社，2009。

述中國佛教建築，但在各卷的宗教建築章節中，有很多關於佛寺布局的分析。如第二卷的第二章第七節「佛教建築」中，將兩晉南北朝佛教寺院形態分成四個模式，一、立塔為寺，二、堂塔並立，三、建立精舍，四、捨宅為寺；第三卷的第六章「宗教建築」中，將宋遼金時期的寺院建築布局分成五個形制，一、以塔為主體的寺院，二、以高閣為主體，高閣在前，佛殿、法堂在後，三、前佛殿、後高閣，四、以佛殿為主體，殿前後置雙閣，五、七堂伽藍式；第四卷的第六章「宗教建築」中，論述了元明時期以禪寺為代表的寺院布局的七個特徵。其中，第四個是對鐘鼓樓布局問題，即「鼓樓於寺院中的出現，是明代寺院布局上的一個新要素，並形成了左鐘樓右鼓樓對置的格局。」〔註10〕

孫大章、喻維國主編的《中國美術全集‧建築藝術編（4）宗教建築》〔註11〕的第二章「佛教建築藝術」中也有佛寺布局問題。此書把佛寺布局按照時間順序分為三個類型：一、廊院式布局；二、縱軸式布局；三、自由式布局。

張十慶的《中國江南禪宗寺院建築》〔註12〕，對宋元禪寺布局及建築形制進行分析，而且使用不少日本佛寺的資料，其研究成果更為豐富。他還簡單敍述佛寺鐘鼓樓布局的形成背景及時期，「關於鐘樓與鼓樓，南宋禁廷已有鐘鼓樓之設，明以後則形成鐘樓與鼓樓對置於天王殿左右的配置形式，此或是仿自宮殿制度，晨鐘暮鼓也成為明以後寺院的典型意象。」〔註13〕

蕭默的《敦煌建築研究》〔註14〕的第一章「佛寺」中，有對敦煌壁畫中所見的佛寺布局分析。他把佛寺布局分為三個形式：一、隋代佛寺的一殿二樓布局；二、隋代及初、盛唐佛寺的「凹」形建築平面布局；三、盛唐以後佛寺的院落式布局。此外，在敦煌佛寺壁畫中所看到的「鐘樓與經藏」對稱格局，是對於鐘鼓樓對設格局的發展過程研究的重要參考資料。

孫大章主編，中國古代建築史，第五卷第二版，北京：中國建築工業出版社，2009。

〔註10〕 潘谷西主編，中國古代建築史，第四卷第二版，北京：中國建築工業出版社，2009：318。

〔註11〕 孫大章、喻維國主編，中國美術全集‧建築藝術編（4），宗教建築，北京：中國建築工業出版社，1988。

〔註12〕 張十慶，中國江南禪宗寺院建築，武漢：湖北教育出版社，2001。

〔註13〕 張十慶，中國江南禪宗寺院建築，武漢：湖北教育出版社，2001：90。

〔註14〕 蕭默，敦煌建築研究，北京：機械工業出版社，2002：35～81。

表 1.3　佛寺布局及佛寺鐘鼓樓布局的主要研究成果

論著者	題　目	資　料　出　處
宿白	東漢魏晉南北朝佛寺布局初探	田餘慶主編，慶祝鄧廣銘教授九十華誕論文集，石家莊：河北教育出版社，1997
宿白	隋代佛寺布局	考古與文物，1997（02）
宿白	唐代長安以外佛教寺院的布局與等級初稿	宿白，魏晉南北朝唐宋考古文稿輯叢，北京：文物出版社，2011
曹昌智	《中國建築藝術全集·佛教建築（一）北方》中 第三章「北方佛教建築形制與布局的演變」	曹昌智主編，中國建築藝術全集（12），佛教建築（一），北方，北京：中國建築工業出版社，2000
傅熹年	《中國古代建築史·第二卷》中 第二章「兩晉南北朝建築」第七節「佛教建築」 第三章「隋唐五代建築」第七節「宗教建築」	傅熹年主編，中國古代建築史，第二卷，第二版，北京：中國建築工業出版社，2009
郭黛姮	《中國古代建築史·第三卷》中 第六章「宗教建築」	郭黛姮主編，中國古代建築史，第三卷，第二版，北京：中國建築工業出版社，2009
潘谷西	《中國古代建築史·第四卷》中 第六章「宗教建築」	潘谷西主編，中國古代建築史，第四卷，第二版，北京：中國建築工業出版社，2009
孫大章	《中國古代建築史·第五卷》中 第七章「宗教建築」	孫大章主編，中國古代建築史，第五卷，第二版，北京：中國建築工業出版社，2009
孫大章 喻維國	《中國美術全集·建築藝術編（4）宗教建築》中 第二章「佛教建築藝術」	孫大章、喻維國主編，中國美術全集·建築藝術編（4），宗教建築，北京：中國建築工業出版社，1988
李裕群	唐代以前中國佛教寺院的空間布局及其演變	中山大學人類系、中國社會科學院邊疆考古研究中心編，邊疆民族考古與民族考古學集刊，第一集，北京：文物出版社，2009
何利群	北朝至隋唐時期佛教寺院的考古學研究——以塔、殿、院關係的演變為中心	石窟寺研究，第 1 輯，北京：文物出版社，2010
王貴祥	《中國古代建築基址規模研究》中 上編　古代園宅制度與建築基址規模 第十章　「歷代佛道寺觀建築群的基址規模」	王貴祥組編，中國古代建築基址規模研究，北京：中國建築工業出版社，2008

傅熹年	中國早期佛教建築布局演變及殿內像設的布置	趙樸初倡、周紹良主編，梵宮：中國佛教建築藝術，上海：上海辭書出版社，2006
張十慶	《中國江南禪宗寺院建築》中第三章「禪宗寺院的布局及其演變」	張十慶，中國江南禪宗寺院建築，武漢：湖北教育出版社，2001
蕭默	《敦煌建築研究》中第一章「佛寺」	蕭默，敦煌建築研究，北京：機械工業出版社，2002：35～81
郭黛姮	十世紀至十三世紀的中國佛教建築	建築史論文集，第4輯，北京：清華大學出版社，2001
趙文斌	中國佛寺布局演化淺論	華中建築，1998（01）
范培松	中國寺院形制及布局特點	考古與文物，2000（02）
戴儉	禪與禪宗寺院建築布局研究	華中建築，1996（03）
吳蔥	青海樂都瞿曇寺建築研究	天津大學碩士學位論文，1994
龔國強	隋唐長安城佛寺研究	北京：文物出版社，2006
史韶華	明代南京佛寺基址規模與建築布局研究	清華大學碩士學位論文，2007
尚晉	七堂伽藍小考	清華大學碩士學位論文，2011

1.4.2　對於鐘鼓樓建築形成及演變的研究

　　在佛寺中出現鐘鼓樓之前，在宮殿、城市等其他類型建築中，早就設置鐘鼓樓建築。所以，為了尋找佛寺鐘鼓樓的形成背景，對於宮殿和城市鐘鼓樓的分析是必不可少的。但是，目前對此研究成果不多，只是有一些綜論性論文，尚沒有系統的、專門的研究。其代表成果如下。

　　辛德勇寫的《唐代都邑的鐘樓與鼓樓——從一個物質文化側面看佛道兩教對中國古代社會的影響》〔註15〕，主要對唐代以來中國都邑的鐘鼓樓配置演變進行梳理。但是，他還論及到一些宮殿和佛寺道觀的鐘鼓樓建築，考察他們之間的演變過程。

　　黃曄北、覃輝寫的《鐘鼓樓的發展》〔註16〕中，首先對於鐘和鼓的文化背景、發展及應用進行分析。然後，對鐘樓與鼓樓在各個時期各個類型建築中的發展和演變進行簡單梳理。

〔註15〕辛德勇，唐代都邑的鐘樓與鼓樓——從一個物質文化側面看佛道兩教對中國古代社會的影響，文史哲，2011（04）。
〔註16〕黃曄北、覃輝，鐘鼓樓的發展，山東建築大學學報，2008（02）。

　　《中國古代建築史》第二卷至第五卷，在各卷的「宮殿建築」和「城市
建築」章節中，也有一些有關宮殿和城市鐘鼓樓建築的敍述。

　　此外，庾華寫的《鐘鈴象徵文化論》〔註 17〕與嚴昌洪、蒲亨強的《中國
鼓文化研究》〔註 18〕，各對鐘和鼓的起源、歷史和象徵意義等進行全面梳理。

表 1.4　鐘鼓樓建築形成及演變的主要研究成果

論 著 者	題 目	資 料 出 處
辛德勇	唐代都邑的鐘樓與鼓樓——從一個物質文化側面看佛道兩教對中國古代社會的影響	文史哲，2011（04）
黃曄北、覃輝	鐘鼓樓的發展	山東建築大學學報，2008（02）
楊潤平	鐘樓和鼓樓研究隨筆	張家口職業技術學院學報，2003（03）
北京市東城區政協學習和文史委員會編	鐘鼓樓	北京：文物出版社，2009

〔註 17〕庾華，鐘鈴象徵文化論，瀋陽：遼寧民族出版社，2004。
〔註 18〕嚴昌洪、蒲亨強，中國鼓文化研究，廣西：廣西教育出版社，1997。

第 2 章　鐘鼓樓建築的形成與演變

2.1　鐘與鼓的象徵意義

　　在中國古代社會中，鐘與鼓被廣泛使用於宗廟祭祀、宮室宴享、古代戰爭等重要的不同場合。鐘與鼓通常兩者配合使用，具有幽深的象徵意義及文化內涵。因此，在本節對此進行簡單梳理。

　　首先，從鐘與鼓的定義來看，鐘與鼓象徵春秋之季，如據《說文解字》記載：

　　　　鐘，樂鐘也。秋分之音，物種成。從金童聲。古者垂作鐘。
〔註1〕

　　　　鼓，郭也。春分之音，萬物郭皮甲而出，故謂之鼓。〔註2〕

　　由此可知，在中國傳統思想中，鐘意味著秋季，鼓意味著春季。

　　然後，鐘和鼓與八音、八卦、八方等相配合。鐘和鼓曾經作爲中國古代樂器的「八音」之一，據《周禮・春官・大師》記載：

　　　　「皆播之以八音，金、石、土、革、絲、木、匏、竹。」鄭玄注：「金，鐘鎛也。石，磬也。土，塤也。革，鼓鞀也。絲，琴瑟也。木，柷敔也。匏，笙也。竹，管簫也。」〔註3〕

　　這些 8 個不同的樂器，都有自己的屬性，其中鐘屬於金類，鼓屬於革類。

〔註1〕〔漢〕許慎撰、〔宋〕徐鉉校定，說文解字，北京：中華書局，1963：297。
〔註2〕〔漢〕許慎撰、〔宋〕徐鉉校定，說文解字，北京：中華書局，1963：102。
〔註3〕〔清〕孫詒讓撰、王文錦、陳玉霞點校，周禮正義，卷四十五，春官，大師，北京：中華書局，2000：1832～1833。

而且這些 8 個屬性，都與八卦、八方相配合。據徐傳武的研究，金類屬於西方，革類屬於東方。再說，鐘象徵西邊，鼓象徵東邊。（表2.1）這是對後來在宮殿建築中鐘和鼓的配置有一定的影響，從隋代宮殿鐘鼓樓建築中終於形成了「東鼓西鐘」對設布局。

表2.1 八音、八卦與八方的關係

八音	塤	管	鼓	笙	琴	磬	鐘	柷敔
八音之材	土	竹	革	匏	絲	石	金	木
八卦	坎	艮	震	巽	離	坤	兌	乾
八方	北	東北	東	東南	南	西南	西	西北

（來源：徐傳武，八卦與八音如何相配，文獻，1996（01）：191）

在上述的中國古代樂器中，鐘和鼓最為突出，在演奏、軍事、勞作及其他活動等很多方面相配合使用，如據《周禮·地官·鼓人》記載：

> 鼓人掌教六鼓四金之音聲，以節聲樂，以和軍旅，以正田役。
> 教為鼓而辨其聲用，以雷鼓鼓神祀，以靈鼓鼓社祭，以路鼓鼓鬼享，以鼖鼓鼓軍事，以鼛鼓鼓役事，以晉鼓鼓金奏，以金錞和鼓，以金鐲節鼓，以金鐃止鼓，以金鐸通鼓。〔註4〕

這裡的鼓人是掌管金（即鐘）和鼓的官吏，他主要管「六鼓四金」，即雷鼓、靈鼓、路鼓、鼖鼓、鼛鼓、晉鼓等的六鼓和金錞、金鐲、金鐃、金鐸等的四金。這些金和鼓，都有自己的「聲用」，在各種場合上常常互相配合。

鐘和鼓的配合，在古代軍事活動中，較為突出，據《詩·小雅·采芑》記載：

> 「鉦人伐鼓，陳師鞠旅。」鄭玄箋：「鉦也，鼓也，各有人焉，言鉦人伐鼓，互言爾。」〔註5〕

這裡的鉦人，與上述的鼓人類似，掌管鉦和鼓的官吏。鉦就是鐘之一類，形似鐘而狹長，有長柄可執，口向上以物擊之而鳴。〔註6〕

〔註4〕〔清〕孫詒讓撰、王文錦、陳玉霞點校，周禮正義，卷二十三，地官，鼓人，北京：中華書局，2000：898～905。
〔註5〕〔清〕阮元校刻，十三經注疏：清嘉慶刊本詩，毛詩正義，卷十，小雅，采芑，北京：中華書局，2009：912。
〔註6〕參考於漢典網（www.zdic.net）「鉦」條。

那麼，在戰場中如何配合鉦和鼓？它們的具體用法，從《荀子‧議兵》中可以看到，即「聞鼓聲而進，聞金聲而退。」〔註7〕如此，擊鼓則是進攻的信號，鳴鐘（金）則是收兵的信號。筆者認為，這應該是與陰陽有密切關係。如前所述，鐘屬於八卦中的「兌」，屬於陰卦；鼓屬於八卦中的「震」，屬於陽卦。所以，鐘就象徵「退」；鼓就象徵「進」。其實，此概念，在東漢城市中也應用到，如據東漢蔡邕《獨斷》記載：

> 鼓以動眾，鐘以止眾。夜漏盡，鼓鳴即起；晝漏盡，鐘鳴則息也。〔註8〕

這裡的鐘和鼓，也具有明確的象徵意義，即鐘聲為「止」的意思，鼓聲為「動」的意思。其理論背景，應該來自上述的陰陽原理。

綜上所述，在中國古代傳統觀念中，鐘和鼓具有明確而豐富的象徵意義及文化內涵，即鐘是西、秋、金、兌、陰、退、息、止等的象徵；鼓是東、春、革、震、陽、進、起、動等的象徵。（圖 2.1）

圖 2.1　鐘與鼓的象徵意義

退	息	止
陰	鐘	西
兌	金	秋

進	起	動
陽	鼓	東
震	革	春

2.2　鐘鼓樓建築的形成與發展

如前所述，鐘和鼓的使用，與禮儀、八卦、方位、陰陽等的禮制有密切相關。因此，鐘和鼓自然地出現於宮殿建築中，而逐漸形成了宮殿中必不可少的一種器物，終於發展到宮殿建築中的鐘鼓樓建築。然後，鐘鼓樓建築在城市、寺廟道觀〔註9〕等的不同建築類型中都出現了。在本節，對此鐘鼓樓

〔註7〕〔周〕荀況撰、方勇、李波譯注，荀子漢兵，北京：中華書局，2011：237。
〔註8〕〔東漢〕蔡邕，獨斷，卷下，北京：中華書局，1985：24。
〔註9〕一般來講，祠廟、道觀的鐘鼓樓建築形制及配置，大多數與佛寺鐘鼓樓制度的模仿。因此，在本書中，不提到祠廟和道觀的鐘鼓樓，而只提到宮殿、城

建築的形成及發展過程進行分析。

2.2.1 秦漢至南北朝

秦漢至南北朝時期，可以定義爲鐘鼓樓建築發展上的準備期。這時期，鐘樓與鼓樓尚未出現於任何建築中。

秦代咸陽宮的記載中見到「鐘虡」、「鐘鼓」等，如據《史記》卷六《秦始皇本紀第六》記載：

> 二十六年（公元前221年）……收天下兵，聚之咸陽，銷以爲鐘虡，金人十二，重各千石，置廷宮中。……諸廟及章臺、上林皆在渭南。秦每破諸侯，寫放其宮室，作之咸陽北阪上，南臨渭，自雍門以東至涇、渭，殿屋複道周閣相屬。所得諸侯美人鐘鼓，以充入之。〔註10〕

這裡的鐘虡是一種懸鐘的格架，上有猛獸爲飾〔註11〕；這裡的鐘鼓，應該爲秦朝打破諸侯國時所繳獲的戰利品。由此可以推測，公元前 221 年在秦咸陽宮中已經使用鐘和鼓，鐘應該設置於宮廷中的鐘虡，但鼓的具體設置方式尚未明確。

到了漢代，在漢長安長樂宮中曾經有了「鐘室」，據《史記》卷九十二《淮陰侯列傳第三十二》記載：

> 信入，呂后使武士縛信，斬之長樂鐘室。〔註12〕

這裡的鐘室則是在中國歷史上著名的呂后斬韓信的地方。但是，此鐘室是報時的設施，或是只存放樂器之室，現在難以判斷。〔註13〕

在漢未央宮殿中，也有鐘，如據《初學記》卷十六《鐘第五》記載：

> 東方朔傳曰：漢武帝時，未央宮殿前鐘無故自鳴，三夜三日不

市、佛寺的鐘鼓樓建築。如，第 2 章主要提到宮殿和城市鐘鼓樓；第 4、5、6 章主要提到佛寺鐘鼓樓。

〔註10〕〔漢〕司馬遷撰，史記，卷六，秦始皇本紀第六，北京：中華書局，2011：201～205。

〔註11〕參考於漢典網（www.zdic.net）「鐘虡」條。

〔註12〕〔漢〕司馬遷撰，史記，卷九十二，淮陰侯列傳第三十二，北京：中華書局，2011：2304。

〔註13〕辛德勇，唐代都邑的鐘樓與鼓樓——從一個物質文化側面看佛道兩教對中國古代社會的影響，文史哲，2011（04）：20。

止。〔註14〕

但是，與此鐘有關的相關設施的記載，尚未找到。

東漢時期，在城市中已經使用報時之用的鐘和鼓。據東漢崔寔《政論》記載：

　　鐘鳴漏盡，洛陽城中不得有行者。〔註15〕

又據東漢蔡邕《獨斷》記載：

　　鼓以動眾，鐘以止眾。夜漏盡，鼓鳴即起；晝漏盡，鐘鳴則息也。〔註16〕

由這些記載可知，在東漢時期，以鐘聲作為城門關閉和實行宵禁的信號；以鼓聲作為城門開啟和開始活動的信號。雖然在上述的記載中沒有提到「鐘樓」和「鼓樓」，但我們在東漢時期畫像磚和壁畫墓中，可以發現其功能與鐘鼓樓相似的建築設施，如圖 2.2 和圖 2.3。

圖 2.2　四川漢代畫像磚〈市肆〉

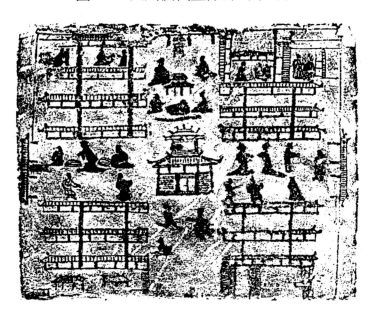

〔註14〕〔唐〕徐堅等著，初學記，卷十六，鐘第五，北京：中華書局，1962（2005重印）：396。

〔註15〕〔漢〕崔寔撰、孫啟治校注，正論校注，北京：中華書局，2012。

〔註16〕〔漢〕蔡邕，獨斷，卷下，北京：中華書局，1985：24。

圖 2.3　河北安平東漢壁畫墓〈建築圖〉（局部）

　　圖 2.2 四川東漢畫像磚〈市肆〉，是一個十字形街市的俯視圖。在東西南北四個方向開的十字街的中心，設置了二層高樓，此樓內設置一面鼓。此高樓叫「市樓」（又稱「旗亭」），主要作為觀察、指揮集市的功能。〔註17〕雖然此市樓不是叫鐘樓或鼓樓，但其功能與城市鐘鼓樓比較一致。

　　圖 2.3 河北安平東漢壁畫墓中〈建築圖〉，是一個庭院重疊錯落的建築鳥瞰圖中局部。在庭院的北邊有一座瞭望樓，此樓最上層設置一面黃邊紅色的扁圓形大鼓。此鼓應該是報警之用的，所以瞭望樓就是一座為了保衛宅院而建的建築。〔註18〕

　　從文獻記載中，宮殿的鐘鼓樓，最早出現於北宋陳申之《相臺志》記載中的曹魏鄴城。明崔銑《嘉靖彰德府志》卷八《鄴都宮室志》是直接採自北宋陳申之《相臺志》記載的，據記載：

　　　　鐘樓鼓樓，二樓在文昌殿前東西。〔註19〕

　　根據此記載，劉敦楨在《中國古代建築史》中做一個鄴城平面想像圖，如下圖2.4。

〔註17〕參考於漢典網（www.zdic.net）「旗亭」條。
〔註18〕河北省文物研究所編，安平東漢壁畫墓，北京：文物出版社，1990：29、30。
〔註19〕天一閣藏明代方志選刊 45，〔明〕崔銑，嘉靖彰德府志，卷八，鄴都宮室志第八，上海：上海古籍書店，1982：3。

圖 2.4　曹魏鄴城平面圖

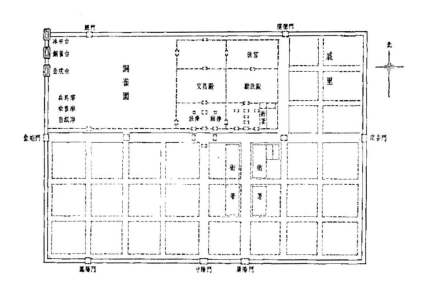

但是，傅熹年先生在《中國古代建築‧第二卷》中，根據《三都賦‧魏都賦》的記載〔註 20〕說：「文昌殿前不是設有鐘鼓樓，而是設有「鐘虡」。鐘虡即帶有支架的鐘，近人多誤釋為文昌殿前有鐘鼓樓，是不確的。」〔註 21〕

筆者也同意傅熹年先生的觀點，其理由如下。

第一、曹魏以後的西晉時期，洛陽太極殿前有與此類似的布局形式，據戴延之《西征記》的記載，「洛陽太極殿前，左右各三銅鐘相對。大者三十二圍，小者二十五圍。」〔註 22〕此時期在太極殿前左右設置銅鐘，但這裡也沒有提到的鐘樓或鼓樓。由此推測，這些銅鐘應該設置於上述的鐘虡。

第二、《相臺志》是北宋時期所撰的記載，與曹魏時期的時間距離太遠了，不能完全可信。而且北宋時期，在宮殿中已經有鐘鼓樓對設布局，所以當時撰述者可能參考當時的布局情況來敘述。因此，筆者認為曹魏鄴城內應

〔註 20〕　〔晉〕左思《三都賦‧魏都賦》：「長庭砥平，鐘虡夾陳。」張載注曰：「文昌殿前有鐘虡。……建安二十一年（216 年）七月，始設鐘虡於文昌殿前。」（中華書局縮印本胡刻《文選》上：99）這是從《中國古代建築史，第二卷，第二版》（傅熹年主編，北京：中國建築工業出版社，2009：31）中再引用。

〔註 21〕　傅熹年主編，中國古代建築史，第二卷，第二版，北京：中國建築工業出版社，2009：25。

〔註 22〕　〔唐〕徐堅《初學記》卷十六《樂部下‧鐘第五》記載：「戴延之《西征記》曰：洛陽太極殿前，左右各三銅鐘相對。大者三十二圍，小者二十五圍。」

該還沒專門設置鐘鼓樓建築。

到了南北朝，南朝宮殿中繼續看到鐘鼓的使用。如，南齊宮殿，據《南齊書》卷二十《列傳第一皇后》記載：

> 宮內深隱，不聞端門鼓漏聲，置鐘於景陽樓上，宮人聞鐘聲，早起裝飾。至今此鐘唯應五鼓及三鼓也。〔註23〕

由此可知，當時鼓設置於端門，因齊武帝聽不到其鼓聲，而在景陽樓上再設置一口鐘。又據《南史》卷五《廢帝鬱林王》的記載：

> 鸞慮變，……帝在壽昌殿，裸身與霍氏相對，聞外有變，使閉內殿諸房合，令閹人登興光樓望，還報云，見一人戎服，從數百人，急裝，在西鐘樓下。〔註24〕

這裡是說蕭鸞的政變。這裡的壽昌殿是皇帝的寢殿，興光樓是位於後宮的樓閣。在該樓上邊可俯視太極殿庭，也可以看到西鐘樓，但在此沒有提到鼓樓。

南梁宮殿也設有鐘樓，但沒有鼓樓，而鼓只設於門殿下左右。據《酉陽雜俎》卷一《禮異》的記載：

> 梁正旦，使北使乘車至闕下，入端門。其門上層題曰朱明觀，次曰應門，門下有一大畫鼓。次曰太陽門，左有高樓，懸一大鐘，門右有朝堂，門闕，左右亦有二大畫鼓。〔註25〕

與南朝不同，在北朝北魏的鐘鼓樓主要見於城市空間中。如，北魏平城設置了鼓樓，叫「白樓」，據酈道元《水經注》卷十三《漯水》記載：

> 魏神瑞三年（416年），又建白樓，樓甚高竦，加觀榭於其上，表裡飾以石粉，皜曜建素，赭白綺分，故世謂之白樓也。後置大鼓於其上，晨昏伐以千椎，為城裏諸門啓閉之候，謂之戒晨鼓也。
> 〔註26〕

這裡的大鼓，又稱戒晨鼓，設置於白樓上，作為北魏平城的諸門開閉和

〔註23〕〔梁〕蕭子顯撰，南齊書，卷二十，列傳第一，皇后，北京：中華書局，1972：391。

〔註24〕欽定四庫全書，史部，正史類，〔唐〕李延壽，南史，卷五，文淵閣四庫全書電子版。

〔註25〕〔唐〕段成式撰、方南生點校，酉陽雜俎，卷一，禮異，北京：中華書局，1981：7。

〔註26〕〔北魏〕酈道元著、陳橋驛譯注、王東補注，水經注，卷十三，漯水，北京：中華書局，2009：87。

報時的信號。

又據《洛陽伽藍記》卷二《龍華寺》記載：

> 龍華寺，宿衛羽林虎賁等所立也。……陽渠北有建陽里，里內
> 有土臺，高三丈，上作二精舍。趙逸云：此臺是中朝旗亭也。上有
> 二層樓，懸鼓擊之以罷市。有鐘一口，撞之，聞五十里。太后以鐘
> 聲遠聞，遂移在宮內。置凝閒堂前，與內沙門打爲時節。〔註27〕

由此可知，北魏洛陽城內曾經有城市鐘鼓樓。這是在中朝旗亭，即西晉
時期市樓的位置上重建的，作爲市場開閉的信號。但這裡的鐘鼓樓不是兩棟
單獨樓，而是在一棟樓內同時設置鐘和鼓的形式。然後，胡太后聽到此鐘聲
後，命令把此鐘搬到宮殿內凝閒堂前邊，即洛陽宮的西南隅，作爲報時之用。
但此搬到宮殿內的鐘，放在鐘樓裡或者在鐘廣下或者在鐘臺上，其具體情況
卻不知道。

此外，北魏時期，除了報時之用的鐘鼓樓之外，還有專門設置報警之用
的鼓樓。據《通鑒總類》卷十三下《李崇置鼓樓以防盜》記載：

> 齊建元四年（482年），魏以荊州巴氏擾亂，以李崇爲荊州刺
> 史。……久之，徙兗州刺史。兗土舊多刼盜，崇命村置一樓，樓皆
> 懸鼓，盜發之處，亂擊之。旁村始聞者，以一擊爲節，次二，次三，
> 俄頃之間，聲布百里，皆發人守險要。由是盜發，無不擒獲。其後
> 諸州皆倣之，自崇始也。〔註28〕

這裡的李崇是北魏名臣，在齊建元四年（482年），擔任兗州刺史。由此
可知，設置防盜專用鼓樓的手法，由5世紀末就開始普及。

2.2.2　隋唐至宋金

隋唐至宋金時期，可以定義爲鐘鼓樓建築發展上的第一發展期。

隋唐時期，鐘鼓樓建築有了重大的發展變化。宮殿建築中終於出現了鐘
樓與鼓樓對設布局；在城市中，雖然還沒出現與宮殿一樣的鐘鼓樓對置格局，
但是在長安城中，已經出現及形成全城中央報時系統。

首先看宮殿中的鐘鼓樓。隋唐時期，從以前的宮殿內只使用鐘和鼓或者

〔註27〕〔北魏〕楊炫之撰、周祖謨校譯，洛陽伽藍記校譯2版，北京：中華書局，
　　　2010：56。
〔註28〕欽定四庫全書，史部，史鈔類，〔宋〕沈樞，通鑒總類，卷十三下，文淵閣四
　　　庫全書電子版。

單獨設置鐘樓或鼓樓的布局形式，改變到鐘鼓樓東西對稱布局。〔註29〕此開始就是隋東都洛陽城中的鐘鼓樓，據唐杜寶《大業雜記》記載：

> （乾陽）殿庭東南西南各有重樓，一懸鐘，一懸鼓，刻漏即在樓下，隨刻漏則鳴鐘鼓。〔註30〕

如此，在隋洛陽宮乾陽殿前，確實設置鐘樓與鼓樓。但在此沒有明確的說明鐘鼓樓的東西方位。如果從記載的敘述順序來看，鐘樓處於東南邊，鼓樓處於西南邊，即「東鐘西鼓」布局〔註31〕。但是，筆者認為，此可能性不大。因為，一、唐長安太極殿前的鐘鼓樓，其東西位置很明確，即「殿東隅有鼓樓，西隅有鐘樓」。而且，除了元代之外，唐、宋、金的宮殿鐘鼓樓都成為「東鼓西鐘」布局。所以推測，隋代也是如此；二、從前節所述的鐘和鼓的象徵意義來看，鐘代表西邊，鼓代表東邊，這是與宮殿鐘鼓樓「東鼓西鐘」布局完全相符。

唐太極宮和大明宮的鐘鼓樓，在《陝西通志》和《長安志》中可以看到：

> 西內宮城正殿曰太極殿，殿東隅有鼓樓，西隅有鐘樓，貞觀四年置。〔註32〕

> 貞觀八年置為永安宮，明年改曰大明宮。……（含元殿）殿東南有翔鸞閣，西南有棲鳳閣，與殿飛廊相接，又有鐘樓、鼓樓。〔註33〕

據唐舒元輿《御史臺新造中書院記》記載：

〔註29〕 辛南勇在《隋唐兩京總考》中說，「在魏晉時期鐘鼓分置主殿東西的布局還沒有成為定式。最遲在隋唐時代，鐘、鼓東西對置的形式已經確定。」（見於辛南勇，隋唐兩京總考 2 版，西安：三秦出版社，2006：108）；傅熹年在《中國古代建築·第二卷》中說，「直到南北朝末期，正殿仍是庭中設鐘虡，殿門內側立建鼓，唐代才開始在殿庭前兩側建鐘鼓樓。」（見於傅熹年主編，中國古代建築史，第二卷第二版，北京：中國建築工業出版社，2009：25）。

〔註30〕〔唐〕杜寶撰，辛德勇輯校，大業雜記輯校，西安：三秦出版社，2006：7。

〔註31〕 傅熹年是這樣推測，而且此「東鐘西鼓」布局延續到唐長安太極宮鐘鼓樓，他說，「唐貞觀四年，仿洛陽乾陽殿之制，在殿庭東南、西南角增建了鐘樓、鼓樓。」（見於傅熹年主編，中國古代建築史，第二卷第二版，北京：中國建築工業出版社，2009：383）而且，根據此推測，他繪製了長安太極宮圖中的鐘樓畫出於東側，鼓樓畫出於西側。筆者認為，這可能有誤，見圖 2.5。

〔註32〕 欽定四庫全書，史部，地理類，都會郡縣之屬，陝西通志，卷七十二，文淵閣四庫全書電子版。

〔註33〕 欽定四庫全書，史部，地理類，古蹟之屬，長安志，卷六，文淵閣四庫全書電子版。

雞人報點，監者押百官由通乾觀象入宣政門。及班於殿廷前，
則左右巡使二人分押於鐘鼓樓下。〔註34〕

　　由這些記載可知，隋唐時期已經確立宮殿鐘鼓樓對設制度。就其東西位
置而言，雖然隋洛陽宮和唐大明宮的鐘鼓樓沒有明確的東西方位記載，不能
確定，通過東西位置明確的唐太極宮太極殿前的鐘鼓樓來判斷，隋唐時期宮
殿鐘鼓樓布局，應該是「東鼓西鐘」〔註35〕對稱布局。

圖 2.5　唐長安太極宮平面圖〔註36〕（局部）

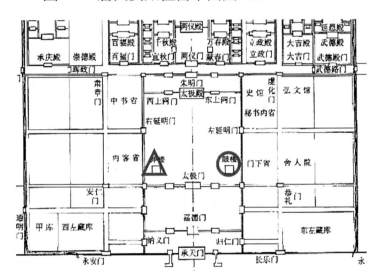

　　那麼，隋唐時期的城市情況如何？隋唐時期，在城市中仍然繼續使用鐘
和鼓，尤其是鼓的使用比較突出。這是與隋唐時期最為鼎盛的里坊制度和街
鼓有密切關係。比如，唐長安城的城門及坊門都依鼓聲開閉，此鼓叫「街鼓」。

〔註34〕欽定四庫全書，集部，總集類，〔宋〕李昉，文苑英華，卷八百七，文淵閣四
　　　　庫全書電子版。
〔註35〕辛南勇在《隋唐兩京總考》中說，「隋唐時代東西對峙的鐘、鼓二樓也應當是
　　　　「東鼓西鐘」，（永樂大典載）《閣本太極宮圖》云唐太極宮太極殿前「東鐘西
　　　　鼓」應有舛誤，而以《長安志》載「東鼓西鐘」為是。」（見於辛南勇，隋唐
　　　　兩京總考2版，西安：三秦出版社，2006：110）。
〔註36〕傅熹年說，「唐貞觀四年，仿洛陽乾陽殿之制，在（太極）殿庭東南、西南角
　　　　增建了鐘樓、鼓樓。」（傅熹年主編，中國古代建築史，第二卷第二版，北京：
　　　　中國建築工業出版社，2009：383）。他根據此推測，繪製了長安太極宮圖中
　　　　的鐘樓畫出於東側，鼓樓畫出於西側。筆者認為，這可能有誤，筆者把原圖
　　　　的「東鐘西鼓」格局改為「東鼓西鐘」格局。

街鼓制度始於唐太宗貞觀十年，是因馬周的建議而設置的，據《舊唐書》卷七十四《馬周傳》記載：

> 先是，京城諸街，每至晨暮，遣人傳呼以警眾，周遂奏諸街置鼓，每擊以警眾，令罷傳呼，時人便之。〔註37〕

由此可知，馬周建議設立街鼓以後，街鼓的鼓聲代替了金吾衛官員的口頭傳呼。

此街鼓，除了設置於上述的「京城諸街」之外，還設置於長安城的承天門上。據《唐律疏議》卷二六《雜律十八犯掖》記載：

> 「宮衛令：五更三籌，順天門擊鼓，聽人行。晝漏盡，順天門擊鼓四百槌訖，閉門。後更擊六百槌，坊門皆閉，禁人行。」違者，答二十。故注云：「閉門鼓後、開門鼓前，有行者，皆為犯夜。」〔註38〕

又據《唐六典》卷八《門下省城門郎》記載：

> 開則先外而後內，闔則先內而後外，所以重中禁，尊皇居也。候其晨昏擊鼓之節而啟閉之。（承天門擊曉鼓，聽擊鐘後一刻，鼓聲絕，皇城門開；第一冬冬聲絕，宮城門及左右延明、乾化門開；第二冬冬聲絕，宮殿門開。夜第一冬冬聲絕，宮殿門閉；第二冬冬聲絕，宮城門閉及左右延明門、皇城門閉。其京城門開閉與皇城門同刻。承天門擊鼓，皆聽漏刻契至乃擊；待漏刻所牌到，鼓聲乃絕。）〔註39〕

這裡的順天門就是承天門，位於全城中軸線上，宮城和皇城之間。（圖2.6）承天門的街鼓，在地位和作用方面，最為突出。它不僅是唐代宵禁制度的標誌性信號，也是京城、皇城、宮城城門及宮殿門開閉的總指揮。〔註40〕換句話說，唐長安城的承天門則是全城的中央報時系統中心。

〔註37〕 欽定四庫全書，史部，正史類，〔後晉〕沈昫，舊唐書，卷七十四，文淵閣四庫全書電子版。

〔註38〕 〔唐〕長孫無忌等編、曹漫之主編，唐律疏議譯注，卷二六，雜律十八，犯掖，長春：吉林人民出版社，1989：887。

〔註39〕 欽定四庫全書，史部，職官類，官制之屬，〔唐〕李林甫等撰，唐六典，卷八，文淵閣四庫全書電子版。

〔註40〕 趙貞，唐代長安城街鼓考，上海師範大學學報（哲學社會科學版），2006（03）：95。

圖 2.6　唐長安城中的承天門

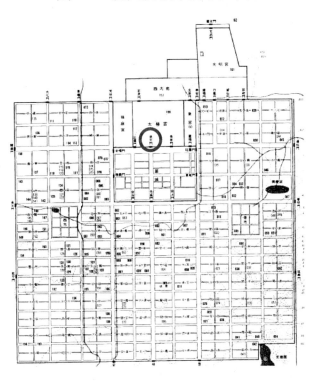

到了宋金時期，宮殿鐘鼓樓制度一直沿襲前代。如，北宋東京宮殿，據《東京夢華錄》卷一《大內》記載：

> 入宣德樓正門，乃大慶殿，庭設兩樓，如寺院鐘樓，上有太史局保章正，測驗刻漏，逐時刻執牙牌奏。〔註41〕

又據《東京夢華錄》卷十《車駕宿大慶殿》記載：

> 冬至前三日，駕宿大慶殿。……有兩樓對峙，謂之鐘鼓樓。上有太史局生，測驗刻漏。每時刻作雞唱，鳴鼓一下，則一服綠者，執牙牌而奏之，每刻曰「某時幾棒鼓」，一時則曰「某時正」。〔註42〕

據宋王應麟《玉海》卷一百六十《太平興國文德殿》記載：

> 殿庭東南隅有鼓樓，其下漏室。西南隅鐘樓，殿兩挾有東上西上合門。〔註43〕

〔註41〕〔宋〕孟元老撰、伊永文箋注，東京夢華錄箋注，北京：中華書局，2006：40。
〔註42〕〔宋〕孟元老撰、伊永文箋注，東京夢華錄箋注，北京：中華書局，2006：889。
〔註43〕欽定四庫全書，子部，類書類，玉海，卷一百六十，太平興國文德殿，文淵

由這些記載可知，在北宋東京宮殿大慶殿和文德殿內，都設有鐘樓和鼓樓。雖然下邊圖 2.7 中，只繪製文德殿前的鐘鼓樓，但通過上述文獻的分析可知，在大慶殿前也應該設有對稱鐘鼓樓。（圖 2.7）而且在鐘鼓樓內設置漏室，使用漏壺來進行報時。對於其東西位置，宋東京宮殿大慶殿前的鐘鼓樓東西位置不明確，而文德殿前有「東鼓西鐘」對稱布局。這應該是繼承唐長安太極宮的鐘鼓樓布局手法。

圖 2.7　北宋東京宮殿平面圖〔註44〕（局部）

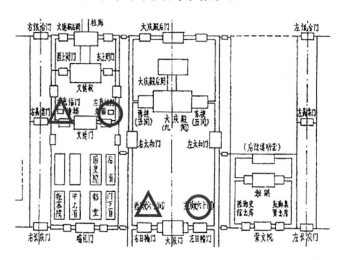

但是，宋代城市鐘鼓樓，與宮殿鐘鼓樓情況不同，沒有繼承前代格局。此最大的原因，就是宋代城市結構的根本變化。由於手工業、商業等商品經濟的發展，在城市中頻繁出現了日夜繁忙的經濟活動。因此，宋朝不能繼續實行「宵禁」和「街鼓」制度，此制度在宋太祖和仁宗時期各廢止了。〔註45〕隨著此趨勢，宋代城市中再看不到唐長安城的承天門那樣的全城報時系統，以及在城市中所使用的鼓大量進入到佛寺空間中。

金代的鐘鼓樓建築，目前只在宮殿建築中可以看到。金代宮殿遵循宋代制度來建設，因此金中都宮殿和汴京宮殿內都建有鐘樓和鼓樓。據宋周輝《北轅錄》記載：

　　　　閣四庫全書電子版。

〔註44〕原圖本來只畫出文德殿前的鐘樓與鼓樓。因此，根據上述的文獻記載，筆者
　　　　表示了大慶殿前的鐘樓與鼓樓的大致位置。

〔註45〕蕭默，敦煌建築研究，北京：機械工業出版社，2002：78、79。

（金中都仁政殿前院東西迴廊）「兩廊各三十間，中有鐘鼓
樓。」〔註 46〕

又據《歷代帝王宅京記》記載：

隆德殿左曰東上閣門，右曰西上閣門，皆南向。鼓樓在東，鐘
樓在西。〔註 47〕

由此可知，金代宮殿的鐘鼓樓制度，基本上沿襲唐宋之制。雖然如此，
其具體布局稍微改變，即雖然沿用「東鼓西鐘」的傳統布局形式，但鐘樓和
鼓樓不是單獨設立的，而是宮殿主殿前東西兩廊之中設立的。（圖 2.8）

圖 2.8　金中都宮殿平面圖（局部）

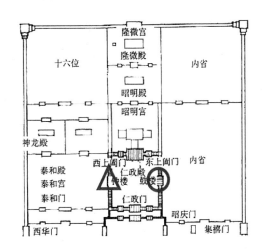

2.2.3　元

元代時期，可以定義為鐘鼓樓建築發展上的大轉折期。元朝統治的約 100
餘年（1271～1368 年），雖然說不長，但此期間對中國社會、文化、宗教、
建築等方面的影響很大，對鐘鼓樓建築也沒有例外。比如，宮殿鐘鼓樓，雖
然元朝沿襲以前宮殿鐘鼓樓制度，但其格局與以前相反，即由「東鼓西鐘」
布局改到「東鐘西鼓」布局；城市鐘鼓樓對設制度，為元代就開始的，但其
格局與明清其他城市明顯不同，採取「南鼓北鐘」布局方法。

〔註 46〕欽定四庫全書，史部，地理類，都會郡縣之屬，欽定日下舊聞考，卷二十九，
　　　　文淵閣四庫全書電子版。
〔註 47〕欽定四庫全書，史部，地理類，都會郡縣之屬，歷代帝王宅京記，卷十七，
　　　　文淵閣四庫全書電子版。

首先看元大都的宮殿鐘鼓樓，據《元朝典故編年考》卷二《修築宮城》的記載：

> 大明殿、乃登極正旦壽節會朝之正衙也……鳳儀門在東廡中，三間一門……麟瑞門在西廡中，制度如鳳儀。……鐘樓，又名文樓，在鳳儀南。鼓樓，又名武樓，在麟瑞南。皆五間，高七十五尺。〔註48〕

由此可知，元代宮殿的鐘鼓樓制度，與前代鐘鼓樓相比有較大的區別。一、元大都宮殿大明殿前的鐘鼓樓布局爲「東鐘西鼓」，這是與以前宮殿鐘鼓樓「東鼓西鐘」的傳統方式正好相反，是元代宮殿布局上的一種創新點；二、鐘鼓樓的規模變大了，鐘鼓樓「皆五間，高七十五尺」。此規模與旁邊的三開間的門殿相比還是很大。

元大都所建的城市鐘鼓樓，具有與宮殿鐘鼓樓一樣的獨特的創新點。元代之前，在城市中只有一座鐘樓或者鼓樓，或鐘鼓合置的一座鐘鼓樓。但元大都開始，建立單獨對設的鐘樓與鼓樓。據《元一統志》和《析津志》記載：

> 至元九年（1272年）二月，改號大都，遷居民以實之，建鐘鼓樓於城中。〔註49〕

> 鐘樓京師北省東，鼓樓北，至元中建。閣四阿，簷三重，懸鐘於上，聲遠愈聞之。〔註50〕

由這些記載可知，元大都鐘鼓樓設於全城的中心位置。這應該是繼承唐長安城的全城中央報時系統的。在此基礎上，元朝發揮了鐘鼓樓布局上的創新：一、鐘鼓樓的分設。元代以前的城市鐘鼓樓，不是單獨設立的，而是把鐘和鼓放在里門、譙樓、城樓等的建築內。但元代開始單獨分設鐘樓和鼓樓；二、「南鼓北鐘」布局。元大都鐘鼓樓，不同於明清城市中所看到的「東鐘西鼓」或「東鼓西鐘」形式，開創了「南鼓北鐘」布局形式。（圖2.10）這些創新都是以前城市鐘鼓樓沒有先例的手法。

〔註48〕欽定四庫全書，史部，政書類，通制之屬，〔清〕孫承澤，元朝典故編年考，卷二，文淵閣四庫全書電子版。

〔註49〕欽定四庫全書，史部，地理類，都會郡縣之屬，欽定日下舊聞考，卷三十八，文淵閣四庫全書電子版。

〔註50〕欽定四庫全書，史部，地理類，都會郡縣之屬，欽定日下舊聞考，卷五十四，文淵閣四庫全書電子版。

圖 2.9　元大都宮殿平面圖（局部）

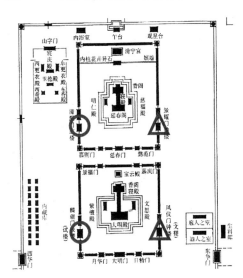

圖 2.10　元大都鐘鼓樓布局

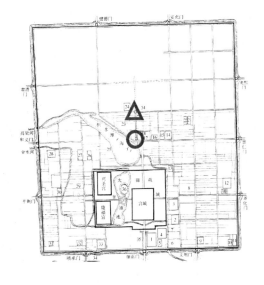

2.2.4　明　清

　　明清時期，可以定義為鐘鼓樓建築發展上的第二發展期。雖然此時期廢止了宮殿鐘鼓樓制度，但是元代以來的城市及佛寺鐘鼓樓仍然繼續發展。

　　從鳳陽明中都宮殿開始，明代宮殿布局中不再看到鐘鼓樓建築，後來的

明南京宮殿和明清北京宮殿都爲如此。但在南京和北京宮殿布局中，還留下來元代宮殿鐘鼓樓的痕跡。從南京和北京的宮殿平面復原圖（圖2.11和2.12）來看，這些宮殿都有元代宮殿中所看到的文樓和武樓。雖然如此，與元代宮殿鐘、鼓樓兼用文、武樓的情況相反，明清宮殿中的文、武樓內不再設置鐘和鼓。但在明清宮殿內仍然使用報時之用的鐘和鼓，比如，北京紫禁城午門的東西兩側明廊內設置鐘和鼓，作爲禮儀之用；紫禁城玄武門上設置銅鐘與更鼓，作爲報時之用。〔註51〕

圖2.11　明南京宮殿平面圖　　　　圖2.12　明北京宮殿平面圖
（局部）　　　　　　　　　　　（局部）

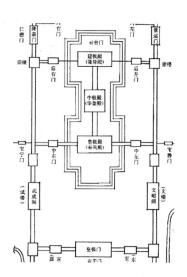

雖然明清宮殿中沒有鐘鼓樓制度，但是明清城市中逐漸發展鐘鼓樓對設制度。在鐘鼓樓發展過程中，明中都鐘鼓樓有著相當重要的意義。據《大明一統志》卷七《中都》記載：

> 鼓樓，在府中雲霽街東。鐘樓，在雲霽街西，俱本朝洪武八年
> （1375年）建。〔註52〕

由此可知，明中都鐘鼓樓位於皇城前邊的東西大道上兩側，成爲「東鼓

〔註51〕鄭毅，淺談鐘鼓樓在我國城鎮中的設置及發展，鐘鼓樓，北京：文物出版社，2009：403。

〔註52〕〔明〕李賢、彭時等纂修，大明一統志，第一冊，卷七，鳳陽府，宮室，臺聯國風出版社，1977：583。

「西鐘」布局。(圖 2.13) 這是不僅與位於皇城北邊的元大都鐘鼓樓明顯不同，而且與後來城市中所常見的位於城市中心的鐘鼓樓也有區別。當然，由於明中都地形條件的原因，鐘鼓樓不能設置於皇城北邊，但明朝不選擇城市中心建鐘鼓樓，而選擇皇城前東西兩側。

　　筆者認爲，明中都的鐘鼓樓布局，處於由宮殿鐘鼓樓布局轉變到城市鐘鼓樓布局的過渡階段的布局形式。因爲，明中都鐘鼓樓，雖然設置於皇城以外，但仍然遵循宮殿鐘鼓樓傳統方式「東鼓西鐘」布局。

圖 2.13　鳳陽明中都平面圖 (局部)

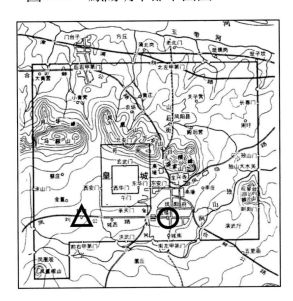

明定都南京以後，南京城中繼續設置城市鐘鼓樓，據《大明一統志》卷六《南京》記載：

> 鐘樓，在金川門內。鼓樓，在鐘樓之東二里，俱洪武十五年（1382
> 年）建。〔註53〕

這裡的明南京鐘鼓樓建於 1382 年，比明中都鐘鼓樓晚 7 年。但其布局方法有較大的變化。雖然南京鐘鼓樓繼承明中都的「東鼓西鐘」布局，但是其建立位置由皇城以南改到皇城以北，鐘樓與鼓樓之間的距離更爲接近。(圖 2.14)

〔註53〕〔明〕李賢、彭時等纂修，大明一統志，第一冊，卷六，南京，宮室，臺聯
　　　　國風出版社，1977：519、520。

圖 2.14　明南京城鐘鼓樓布局

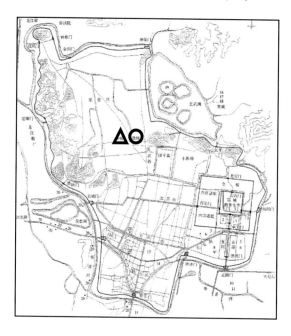

　　然後，明朝遷都到北京，在元大都鐘鼓樓布局的基礎上，重建了北京鐘鼓樓。據《明一統志》記載：

　　　　鐘樓，明永樂十八年建。蓋遷都北京營繕宮闕時也。

　　　　鼓樓，在府西，鐘樓，在鼓樓北，二樓俱本朝永樂十八年建。

　　由此可知，北京鐘樓與鼓樓，都在明永樂十八年（1420 年）重建宮室的同時重建，而仍保持元大都的「南鼓北鐘」布局。雖然遵循元大都鐘鼓樓制度，但北京鐘鼓樓布局與元大都有所區別。由於元大都與明清北京的城市結構及道路系統的不一致，明清鐘鼓樓重建於元代鐘鼓樓位置的東側，而且鐘樓向南移動，結果鐘樓與鼓樓的距離比元代近一點。（圖 2.15）

　　此外，明清時期，府、州、縣等的地方城市都廣泛設立鐘樓與鼓樓，但隨著城市規模及等級的差異，城市鐘鼓樓建立形態有所不同。比如，有對設鐘樓與鼓樓者；有只設鐘樓或鼓樓者；有把鐘和鼓設置於一座鐘鼓樓者；有把鐘和鼓設置於其他建築，即譙樓、城樓等者。就鐘鼓樓東西位置而言，雖然明初明中都和明南京中只見到「東鼓西鐘」布局，但是明中葉以後城市中出現「東鐘西鼓」布局之後，沒有一定的布局規律。

圖 2.15　元代與明代鐘鼓樓位置變化

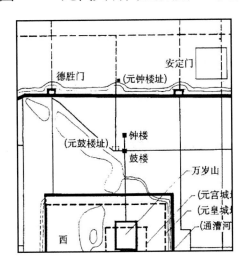

2.3　小　結

在中國古代傳統觀念中，鐘與鼓具有豐富的象徵意義及文化內涵。鐘具有「陰」、「西」、「退」、「止」等的象徵意義，與此相對，鼓具有「陽」、「東」、「進」、「動」等的象徵意義。這些觀念，自然應用到中國古代建築中，在宮殿及城市建築中出現了「東鼓西鐘」布局形式。

鐘鼓樓建築的形成與發展過程，可以分為 4 個階段（表 2.2）：

第一階段為秦漢至南北朝，是鐘鼓樓建築發展上的準備期。此時期，在宮殿、城市中，可以見到鐘樓或者鼓樓，但尚未出現鐘樓與鼓樓對設制度。

第二階段為隋唐至宋金時期，是鐘鼓樓建築發展上的第一發展期，但此發展以宮殿為主。隋唐時期，在宮殿建築中出現了鐘樓與鼓樓對設布局，一直到宋金時期。但是在城市建築中，還沒對稱設置鐘樓與鼓樓。

第三階段為元代時期，是鐘鼓樓建築發展上的大轉折期。此時期，宮殿鐘鼓樓制度雖然沿用，但其東西方位改變，即由「東鼓西鐘」的傳統方式改到「東鐘西鼓」布局。城市鐘鼓樓出現於城市中心地段，採取「南鼓北鐘」布局。

第四階段為明清時期，是鐘鼓樓建築發展上的第二發展期，但此發展以城市為主。此時期，雖然廢止宮殿鐘鼓樓制度，但是在城市建築中，對設鐘樓與鼓樓的手法廣泛普及及發展。

表 2.2　鐘鼓樓建築形成與發展

時間與地點		宮　殿		城　市		資　料　來　源
		鐘樓	鼓樓	鐘樓	鼓樓	
秦漢至南北朝	秦代宮室	○、◎（鐘虡）	○			《史記·秦始皇本紀》
	西漢長樂宮	◎（鐘室）				《史記·淮陰侯列傳》
	西漢未央宮	○				《初學記·樂部下·鐘第五》
	東漢洛陽城			○	○	《政論》、《獨斷》
	曹魏鄴城宮殿	◎（鐘虡）				《三都賦·魏都賦》
	南齊宮殿	◎（景陽樓）	◎（端門）			《南齊書·列傳第一皇后》
	南齊宮殿	◎（鐘樓）				《南史·廢帝鬱林王》
	南梁宮殿	◎（高樓）	○			《酉陽雜俎·禮異》
	北魏平城				◎（白樓）	《水經注·漯水》
	北魏洛陽	○		◎（二層樓）		《洛陽伽藍記·龍華寺》
	北魏金墉城			◎（屋臺）		《水經注·穀水》
	北魏兗州				◎（鼓樓）	《孔氏談苑·封置鼓樓》
隋唐至宋金	隋洛陽宮	◎（重樓）	◎（重樓）			《大業雜記》
	唐長安城	◎			○、◎（承天門）	《長安志》《唐六典·門下省》
	北宋東京宮殿	◎	◎			《東京夢華錄·車駕宿大慶殿》
	金中都宮殿	◎	◎			《北行日錄》
	金汴京宮殿	◎	◎			《金史》
元代	元大都	◎	◎	◎	◎	《元朝典故編年考·修築宮城》、《析津志》

明清 時期	明中都			◎	◎	《大明一統志‧中都》
	明南京			◎	◎	《大明一統志‧南京》
	明清北京			◎	◎	《明一統志》

（○：使用鐘或鼓；◎：設置鐘樓或鼓樓等設施；（　）：文獻中鐘樓或鼓樓的名稱）

　　從上邊的表 2.2 來看，鐘鼓樓建築的演變過程中有如下趨勢與特徵。

　　一、鐘鼓樓建築對置制度出現之前，在宮殿和城市中鐘和鼓的使用有明顯的趨勢。在宮殿中主要使用鐘，並主要設置鐘樓。與此相反，在城市中主要使用鼓，並主要設置鼓樓。筆者認為，這是鐘以禮儀的功能和鼓以報時的功能強調的結果。

　　二、鐘鼓樓建築對置制度，在宮殿、城市中的使用有分明的先後關係。宮殿鐘鼓樓對設制度實行的期間，在城市中尚未形成此制度。宮殿鐘鼓樓制度廢止之際或者之後，城市鐘鼓樓對設制度才開始使用及普及。

　　鐘鼓樓建築的形成與發展，可以對宮殿建築和城市建築分開進行分析。

　　秦漢至南北朝，宮殿內依然使用鐘和鼓，但沒有專門設立鐘樓和鼓樓的手法。從隋代開始在宮殿主殿前兩側出現了鐘樓和鼓樓對設布局。此形式一直延續到元代，到了明清，宮殿鐘鼓樓制度被中斷了。宮殿鐘鼓樓的東西方位，與上述的中國古代傳統思想想吻合，除了元大都的「東鐘西鼓」之外，基本上遵循「東鼓西鐘」的傳統方式。

表 2.3　宮殿鐘鼓樓的相關記載與設置方位

城市名	鐘鼓樓位置	相　關　記　載	設置方位
隋洛陽	乾陽殿前	「(乾陽)殿庭東南西南各有重樓，一懸鐘，一懸鼓，刻漏即在樓下，隨刻漏則鳴鐘鼓。」	不明確
唐長安	太極殿前	「西內宮城正殿曰太極殿，殿東隅有鼓樓，西隅有鐘樓，貞觀四年置。」	東鼓西鐘
唐長安	含元殿前	「貞觀八年置為永安宮，明年改曰大明宮。……(含元殿)殿東南有翔鸞閣，西南有棲鳳閣，與殿飛廊相接，又有鐘樓、鼓樓。」	不明確
唐長安	宣政門北邊	「雞人報點，監者押百官由通乾觀象入宣政門。及班於殿廷前，則左右巡使二人分押於鐘鼓樓下。」	不明確
北宋東京	大慶殿前	「冬至前三日，駕宿大慶殿。……有兩樓對峙，謂之鐘鼓樓。上有太史局生，測驗刻漏，每時刻作雞唱，鳴鼓一下。」	不明確

北宋東京	文德殿前	「殿庭東南隅有鼓樓，其下漏室。西南隅鐘樓，殿兩挾有東上西上合門。」	東鼓西鐘
金中都	仁政殿前	（金中都仁政殿前院東西迴廊），「兩廊各三十間，中有鐘鼓樓。」	不明確
金汴京	隆德殿前	「隆德殿左曰東上閣門，右曰西上閣門，皆南向。鼓樓在東，鐘樓在西。」	東鼓西鐘
元大都	大明殿前	「大明殿、乃登極正旦壽節會朝之正衙也，……鳳儀門在東廡中，三間一門，……麟瑞門在西廡中，制度如鳳儀。……鐘樓，又名文樓，在鳳儀南。鼓樓，又名武樓，在麟瑞南。皆五間，高七十五尺。」	東鐘西鼓

　　秦漢至宋金時期，在城市中曾經使用鐘和鼓，它們主要設置於市樓、望樓、城門、里門、坊門、譙樓等。尤其，隋唐時期，雖然尚未出現鐘鼓樓對設格局，但在城市中心出現了全城中央報時系統，這應該是後來所見的城市鐘鼓樓的前身。到了宋代，隨著城市結構的根本變化，宵禁和街鼓制度隨之中斷，城市鐘鼓樓也沒有發展。但元代開始，在城市中心地段出現了鐘鼓樓對設格局，一直延續到明清城市中。就城市鐘鼓樓的東西方位而言，除了元大都、明清北京的「南鼓北鐘」布局以外，其他城市中「東鐘西鼓」和「東鼓西鐘」布局都可以見到。

表 2.4　元明清都城鐘鼓樓的相關記載與設置方位

城市名	鐘鼓樓位置	相　關　記　載	設置方位
元大都	皇城以北	「至元九年二月，改號大都，遷居民以實之，建鐘鼓樓於城中。」 「鐘樓京師北省東，鼓樓北，至元中建。閣四阿，簷三重，懸鐘於上，聲遠愈聞之。」	南鼓北鐘
明中都	皇城以南	「鼓樓在府中雲霽街東，鐘樓在雲霽街西，俱本朝洪武八年建。」	東鼓西鐘
明南京	皇城以北 （偏西北）	「鐘樓在金川門內，鼓樓在鐘樓之東二里，俱洪武十五年建。」	東鼓西鐘
明清北京	皇城以北	「鐘樓，明永樂十八年建。蓋遷都北京營繕宮闕時也。」 「鼓樓，在府西，鐘樓，在鼓樓北，二樓俱本朝永樂十八年建。」	南鼓北鐘

第 3 章　佛寺內對稱樓閣布局演變

3.1　中國歷代佛寺布局演變簡述

3.1.1　東漢、三國

　　東漢、三國為中國佛寺的初傳時期。因此，在佛寺建築與布局方面，也具有初傳期的特徵，即尚未擺脫天竺（印度）佛寺的因素。

　　東漢、三國佛寺，為由中心塔和其周圍圍繞的堂閣組成的「佛塔中心」布局。從文獻記載中的白馬寺與浮圖寺，都屬於此類型。東漢明帝所建的白馬寺，「盛飾佛圖，畫跡甚妙，為四方式。凡宮塔制度，猶依天竺舊狀而重構之，從一級至三、五、七、九。世人相承，謂之浮圖，或云佛圖。」〔註1〕這裡的佛寺就是佛塔（浮圖），而此塔是按「天竺（印度）舊狀」來建造的。

　　東漢笮融所建的浮圖寺，「上累金盤，下為重樓。又堂閣周回，可容三千許人。作黃金塗像，衣以錦綵。」〔註2〕如此，浮圖寺由中心塔與周圍堂閣組成。這裡的中心塔（浮圖）是「上累金盤，下為重樓」，說明此塔為印度佛寺要素與中國傳統建築相結合的產物。與上述的「天竺（印度）舊狀」之句有點相同。而且「佛塔中心」布局，本來為印度佛寺的布局方法。所以，東漢、三國時期的佛寺尚未達到完全中國化的境地。

〔註1〕〔北齊〕魏收撰，魏書，卷一百一十四，釋老志，北京：中華書局，1974：3029。

〔註2〕〔宋〕范曄撰、〔唐〕李賢等注，後漢書，卷七十三，陶謙傳，北京：中華書局，1965：2368。

3.1.2 　兩晉南北朝

　　兩晉南北朝爲中國佛寺的發展時期。主要佛寺布局仍然爲「佛塔中心」布局，但南北朝開始有「佛塔中心」布局逐漸轉變爲「前塔後殿（堂）」布局的傾向。隨著此趨勢，南北朝佛寺已初步形成佛寺基本格局及中軸線概念。而且，從 4 世紀中期開始，佛寺內建築的類型及數量逐漸增加。〔註 3〕

　　南北朝時期，最常見的佛寺布局爲「前塔後殿（堂）」。比如，「殿前塔宋謙王義季所造。」〔註 4〕；「爰於殿前，更須彌之塔。」〔註 5〕；「殿前五級亦放光明。」〔註 6〕等。除了文獻記載之外，從方山思遠佛寺、洛陽永寧寺等的考古遺址中，也明顯看到。

　　此外，南北朝末期，具有中院及別院的多院式大型佛寺開始出現。比如，南朝梁大愛敬寺，「中院之去大門。延袤七里。廊廡相架簷溜臨屬。旁置三十六院。皆設池臺周宇環繞。千有餘僧四事供給。」〔註 7〕；荊州河東寺在梁代及以後的情況爲，「寺房五重，並皆七架。別院大小，今有十所。般舟方等二院，莊嚴最勝。夏別常有千人，四周廊廡，減一萬間。」〔註 8〕由這些記載可知，此時期佛寺規模宏大，已經具有「三十六院」及「十所」的別院，以及佛寺建築和僧人各達到了數萬和數千。此多院式大型佛寺，從趙彭城北朝佛寺考古遺址中也看見。

3.1.3 　隋　唐

　　隋唐時期爲中國佛寺的鼎盛時期。隋唐佛寺的規模與佛寺建築的體量及數量，都達到前所未有的水平。

　　隋代時期，「佛塔中心」布局仍然佔優勢，但到了唐代，佛塔的地位明顯

〔註 3〕李裕群，唐代以前中國佛教寺院的空間布局及其演變，邊疆民族考古與民族
　　　　考古學集刊，第一集，北京：文物出版社，2009：290。
〔註 4〕〔唐〕釋道世撰、周叔迦、蘇晉仁校注，法苑珠林校注，卷三十九，感應緣，
　　　　總述中邊化跡降靈記，北京：中華書局，2003：1257。
〔註 5〕欽定四庫全書，集部，總集類，漢至五代，王子安集，卷十六，廣州寶莊嚴
　　　　寺舍利塔碑，文淵閣四庫全書電子版。
〔註 6〕大正新修大藏經，第 50 冊，No. 2060，〔唐〕道宣，續高僧傳，卷三十三，荊
　　　　州內華寺釋慧耀傳二十一（見於大藏經在線閱讀 http://sutra.goodweb.cn）。
〔註 7〕大正新修大藏經，第 50 冊，No. 2060，〔唐〕道宣，續高僧傳，卷一，梁揚都
　　　　莊嚴寺金陵沙門釋寶唱傳二（見於大藏經在線閱讀 http://sutra.goodweb.cn）。
〔註 8〕〔唐〕釋道世撰、周叔迦、蘇晉仁校注，法苑珠林校注，卷三十九，感應緣，
　　　　總述中邊化跡降靈記，北京：中華書局，2003：1257。

下降，佛殿成爲佛寺布局中的核心主體。唐代佛寺中比較多見的「無塔式」或「雙塔式」佛寺，則是佛塔地位下降的一個旁證。

　　隋唐佛寺布局的最重要特徵之一，則是「多院式大型佛寺」。這是從南北朝末期開始出現，經過隋代，唐代佛寺中極爲盛行。比如，章敬寺，「殿宇總四千一百三十間，分四十八院。」〔註 9〕；大聖慈寺，「總九十六院，按閣、殿、塔、廳、堂、房、廊，無慮八千五百二十四間。」〔註 10〕；泉州開元寺，「別爲院一百二十，爲天下開元寺之第一。」〔註 11〕等。這些大型佛寺的別院數量達到了「四十八院」、「九十六院」、「院一百二十」，已難與上述的南北朝末期的「十所」、「三十六院」相比。這些唐代大型佛寺，與唐道宣的《中天竺舍衛國祇洹寺圖經》和《關中創立戒壇圖經》中所描述的理想寺院非常接近。

　　此外，鐘樓與經藏對稱格局，也是隋唐佛寺的主要布局特徵之一。雖然此格局從唐代文獻及敦煌唐代壁畫中比較常見，但是相當於南北朝時期的韓國高句麗佛寺遺址中已經看到。由此推測，鐘樓與經藏對置可能南北朝佛寺中已經存在。

3.1.4　宋　元

　　宋元時期爲中國佛寺的成熟時期。唐末會昌滅法以後，禪宗寺院開始興起，到了宋代，尤其南宋時期，禪宗寺院最爲盛行，以後延續到元代。所以，宋元佛寺布局特徵就是宋元禪寺布局特徵。

　　宋元禪寺具有如下幾個布局特徵：一、不立佛殿，惟樹法堂。佛殿雖然處於佛寺中軸線上，但法堂的地位比佛殿明顯強化。宋元禪寺中法堂，成爲重層樓閣形式，是全寺的主體核心建築；二、佛寺空間分爲宗教與起居空間。宗教空間位於中軸線上，如山門、佛殿、講堂等；起居空間位於中軸線兩側，如僧堂、西淨、廚房、浴室等。〔註 12〕；三、以樓閣爲中心的布局。宋元時

〔註 9〕欽定四庫全書，史部，地理類，遊記之屬，〔宋〕張禮，遊城南記，文淵閣四庫全書電子版。

〔註 10〕欽定四庫全書，集部，總集類，〔宋〕扈仲榮，成都文類，卷四十五，記，大聖慈寺畫記，文淵閣四庫全書電子版。

〔註 11〕欽定四庫全書，史部，地理類，總志之屬，〔宋〕祝穆，方輿勝覽，卷十二，泉州，文淵閣四庫全書電子版。

〔註 12〕何孝榮，明代南京寺院研究，北京：中國社會科學出版社，2000：156。

期，雖然難與唐代佛寺相比，但佛寺內樓閣建築的類型和數量很豐富。宋元禪寺中最重要的樓閣建築，則是法堂閣和山門閣。此兩高閣在全寺布局中最為突出，構成了宋元禪寺的典型意象和重要特色。〔註 13〕除此以外，佛寺內還有大佛閣、毗盧閣、彌勒閣、觀音閣、藏經閣等不少樓閣。隨著此趨勢，佛寺中軸線兩側設立的對稱樓閣也十分普遍，以「東伽藍，西祖師」、「東鐘樓，西經藏（輪藏）」、「東鐘樓，西觀音閣」等為代表例子。

3.1.5　明　清

明清時期為中國佛寺的衰落時期。明清佛寺布局的最大特徵，就已經成為了與一般官署、宅邸相似的院落式建築群。〔註 14〕隨著此趨勢，明清佛寺內建築類型都轉變到殿堂建築形式。唐宋時期流行的重樓高閣，無論位於中軸線上或中軸線兩側，大多轉化為主殿、配殿及東西廂房等。一般設於山門與天王殿之間兩側的鐘樓與鼓樓，仍保留樓閣建築形式。

3.2　佛寺內樓閣建築簡述

「樓閣」一詞，為由「樓」和「閣」組成的，本來有兩者之間的區別。據《說文解字》中說：

> 樓，重屋也。〔註15〕
>
> 閣，所以止扉也。〔註16〕

這裡的「樓」確實是建築物，指兩層以上的房屋。但「閣」不是建築物，而是一種門限之類的木製構件。其實，古代關於閣的記載及用法較多，據《淮南子·主術訓》記載：

> 高臺層榭，接屋連閣，非不麗也。〔註17〕

這裡的閣就是一種架空的小房屋。又據《史記》卷八《高祖本紀第八》記載：

〔註13〕張十慶，中國江南禪宗寺院建築，武漢：湖北教育出版社，2001：59。
〔註14〕王貴祥組編，中國古代建築基址規模研究，北京：中國建築工業出版社，2008：341。
〔註15〕〔漢〕許慎撰、〔宋〕徐鉉校定，說文解字，北京：中華書局，1963：120。
〔註16〕〔漢〕許慎撰、〔宋〕徐鉉校定，說文解字，北京：中華書局，1963：248。
〔註17〕何寧，淮南子集釋，卷九，主術訓，北京：中華書局，1998：681。

「從杜南入蝕中，去輒燒絕棧道。」司馬貞《索隱》：「棧道，
閣道也。……崔浩云：『險絕之處，傍鑿山岩，而施版梁爲閣。』」
〔註18〕

　　這裡的閣，則是「棧」的意思，即用木料架設的通道。〔註19〕總而言之，
閣可以定義爲，「底層空著（或次要的用途）而上層作爲主要用途的建築。」
〔註20〕

　　上述的樓與閣的概念，從圖像資料中可以確認。樓與閣在敦煌壁畫佛寺
圖中較多看到，如盛唐莫高窟 225 窟南龕頂中見到樓；盛唐莫高窟 217 窟北
壁上見到閣。（圖 3.1）

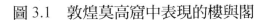

圖 3.1　敦煌莫高窟中表現的樓與閣

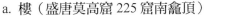

a. 樓（盛唐莫高窟 225 窟南龕頂）　　　b. 閣（盛唐莫高窟 217 窟北壁）

　　但是，隨著建築文化及技術的變遷，樓與閣逐漸沒有嚴格的區別，並人
們把樓閣二個字連用，就至今稱作「樓閣」。樓閣建築是中國古代建築中的
主要建築類型之一，廣泛使用於宮殿、城市、住宅、寺廟等。佛寺樓閣建築，

〔註18〕〔漢〕司馬遷撰，史記，卷八，高祖本紀第八，北京：中華書局，2011：311。
〔註19〕參考於漢典網（www.zdic.net）「棧」條。
〔註20〕劉致平，中國建築類型及結構，第三版，北京：中國建築工業出版社，2000：
　　　　29。

隨著佛寺布局的發展與演變，其地位及建築形制也有不斷地變化。下面，對佛寺樓閣建築的演變進行簡單梳理。

東漢至南北朝，樓閣式塔就成為全寺的主體建築。早期佛寺中的樓閣式塔，就是「上累金盤，下為重樓」〔註21〕，即印度與中國建築相結合的形式。如此，東漢至南北朝佛寺的樓閣，以樓閣式塔為主。南北朝時期，在佛寺中逐漸開始出現對稱樓閣建築。

隋唐時期，佛寺內除了樓閣式塔以外，建立大量的重層樓閣。這是與隋唐時期的佛寺大型化有密切關係。無論位於中軸線上或位於中軸線東西兩側，重樓高閣遍於全寺。這是從唐道宣的兩部《圖經》和敦煌莫高窟唐代壁畫中明顯看到。此外，唐代在佛寺中軸線東西對設的鐘樓與經藏布局已成為普遍的形式。

宋元時期，雖然難與唐代佛寺樓閣相比，但佛寺內樓閣的類型和數量比較豐富。如，宋元禪寺中最為突出的山門閣與法堂閣以外，還有大佛閣、毗盧閣、彌勒閣、觀音閣、藏經閣等的樓閣建築。此時期，位於中軸線兩側的對稱樓閣格局已經普遍而定型，如鐘樓與經藏、鐘樓與輪藏、鐘樓與觀音閣等。

明清時期，佛寺內建築類型有巨大變化，即以前的樓閣建築形式大多轉變為殿堂建築形式。雖然一些對稱樓閣仍保留下來，但其體量已經減少，其功能轉變簡單。明清佛寺中的鐘鼓樓，則是最典型代表的例子。

3.3 佛寺內對稱樓閣布局演變

3.3.1 鐘樓與經藏

此布局是鐘樓與經藏〔註22〕對置的形式，就成為「東鐘西經」或「東經西鐘」布局。鐘樓與經藏都為早期佛寺布局中的重要建築要素之一。

據《宋高僧傳》卷十九《唐洛京天宮寺惠秀傳》記載：

〔註21〕〔宋〕范曄撰、〔唐〕李賢等注，後漢書，卷七十三，陶謙傳，北京：中華書局，1965：2368。

〔註22〕經藏是收藏佛教經典的建築，為早期佛寺中的重要布局要素之一。有兩個含義：一，指經、律、論三藏中之經藏，即經典的意思；二，指收藏經典的府庫，又陳經樓、經堂等。本文中的經藏應該是後者。

釋惠秀。……長安中往資聖寺。唱道化人翕然歸向。忽誠禪院
弟子令滅燈燭。有白秀曰。長明燈可留。亦令滅之。因說火災難測
不可不備云嘗有寺家不備火燭。佛殿被焚。……至夜遺火佛殿鐘樓
經藏三所悉成灰炭。〔註23〕

　　由此可知，在 7 世紀中後期〔註24〕，在佛寺中已經有鐘樓與經藏，但其
具體配置形式尚未明確。

　　那麼，鐘樓與經藏的位置關係如何？從唐代段成式的記載中可以找到其
答案，據《酉陽雜俎‧寺塔記上》記載：

　　　　寺之制度，鐘樓在東，唯此寺緣李右座林甫宅在東，故建鐘樓
　　　　於西。〔註25〕

　　由此可知，在 9 世紀中葉〔註26〕，全寺東側設置鐘樓的做法已經定型。
因此，鐘樓與經藏對設時，鐘樓應該位於東側，經藏位於西側。這樣的「東
鐘西經」布局，以下幾個例子中可以確認。

　　首先，泉州開元寺有鐘樓與經藏，據《黃御史集》卷五《泉州開元寺佛
殿碑記》記載：

　　　　則我州開元寺佛殿之與經樓、鐘樓，一夕飛爐，斯革故鼎新之
　　　　教也。……東北隅則揭鐘樓，其鐘也新鑄，仍偉舊規。西北隅則揭
　　　　經樓。雙立嶽峰，兩危蜃雲。〔註27〕

　　這裡的開元寺，在唐乾寧四年（897 年）重建後仍保留以前的形制，即佛
殿居中，東北隅爲鐘樓，西北隅爲經樓，即採取「東鐘西經」布局。

　　再次，唐長安保壽寺也是如此，據《酉陽雜俎‧寺塔記下》記載：

　　　　翊善坊保壽寺，本高力士宅。天寶九載，捨爲寺。初，鑄鐘成，
　　　　力士設齋慶之，舉朝畢至，一擊百千，有規其意，連擊二十杵。經
　　　　藏閣規構危巧，二塔火珠受十餘斛。〔註28〕

〔註23〕〔宋〕贊寧，宋高僧傳，卷十九，北京：中華書局，1997：497。
〔註24〕釋惠秀在 7 世紀後半期主要活動。
〔註25〕〔唐〕段成式撰、方南生點校，酉陽雜俎，續集卷五，寺塔記上，北京：中
　　　　華書局，1981：253。
〔註26〕《寺塔記》成書於唐武宗會昌三年（843）至宣宗大中七年（853）之間。
〔註27〕欽定四庫全書，集部，別集類，漢至五代，〔唐〕黃滔，黃御史集，卷五，泉
　　　　州開元寺佛殿碑記，文淵閣四庫全書電子版。
〔註28〕〔唐〕段成式撰、方南生點校，酉陽雜俎，續集卷六，寺塔記下，北京：中
　　　　華書局，1981：257。

　　雖然在此沒有直接提到「鐘樓」，但從其內容上可以推測，保壽寺內設置鐘樓與經藏閣，但其詳細位置不明確。

　　此外，「東鐘西經」布局，從考古遺址中也能找到。唐長安西明寺（創建於 656 年），在 1985 年考古發掘後，露出了一些面貌。此佛寺布局中，比較獨特的是在南殿址和中殿址之間有的中殿東西兩側南伸的部分。這是現存的中國古代建築中尚未發現的形制。〔註29〕（圖 3.2）

圖 3.2　唐西明寺中的「東鐘西經」布局

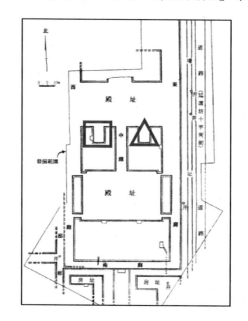

　　其實，西明寺本來與日本奈良佛寺有密切關係，據日本《本朝高僧傳‧道慈傳》記載：

　　　　聖武天皇天平九年（727 年），帝將新大官寺，下詔覓伽藍式，時無知者。慈奏曰：「臣僧在中華時，見西明寺，私念異日歸國，苟逢盛緣，當以此為則，寫諸堂之規，襲藏中笥，今陛下聖問，實臣僧之先抱也。」以圖上進。帝大悅曰：「朕願滿矣。」詔任律師監造寺事。歷十四年而成，賜額大安，敕慈主席。〔註30〕

〔註29〕安家瑤，唐長安西明寺遺址的考古發現，唐研究，第六卷，2000：343。
〔註30〕〔日〕大安寺編集委員會，本朝高僧傳，道慈傳，大安寺史‧史料，1984：25（這是從《唐長安西明寺遺址的考古發現》（安家瑤，唐研究第六卷，2000：337～352）中再引用。）。

由此可知，奈良大安寺就是模仿西明寺來建設的。所以，通過與大安寺布局（圖 3.3）進行比較，可以推測西明寺布局情況如下：西明寺南殿爲佛殿，中殿爲講堂、中殿東西兩側往南伸出的部分可能爲鐘樓與經藏。〔註31〕

圖 3.3　奈良大安寺中的「東鐘西經」布局

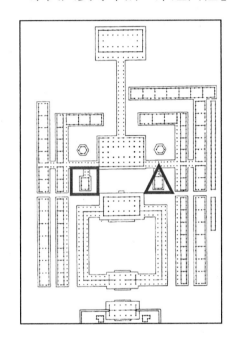

唐釋道宣的《關中創立戒壇圖經》中所描述的理想寺院布局中，也見到鐘樓（鐘臺）與經藏（經臺）：

> 正中佛院之內有十九所（初佛院門東佛爲比丘結戒壇。二門西佛爲比丘尼結戒壇三。前佛殿。四殿東三重樓。五殿西三重樓。六七重塔。七塔東鐘臺。八塔西經臺。九後佛說法大殿。十殿東五重樓。十一殿西五重樓。十二三重樓。十三九金鑊。十四方華池。十五三重閣。十六閣東五重樓。十七閣西五重樓。十八東佛庫。十九西佛庫）〔註32〕

由此可知，七重塔的東側建鐘臺，西側建經臺，所以《戒壇圖經》中的鐘鼓樓布局也是「東鐘西經」布局。（圖 3.4）

〔註31〕安家瑤，唐長安西明寺遺址的考古發現，唐研究，第六卷，2000：343。

〔註32〕大正新修大藏經，第 45 冊，No. 1892，〔唐〕道宣，關中創立戒壇圖經（見於大藏經在線閱讀 http://sutra.goodweb.cn）。

圖 3.4 《關中創立戒壇圖經》南宋刻本附圖中
「東鐘西經」〔註33〕布局

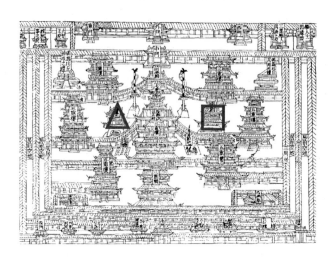

　　敦煌佛寺壁畫中也看到此布局形式，但這裡的鐘樓與經藏沒有一定的配置規制，即「東鐘西經」和「東經西鐘」布局都有，如盛唐第 217 窟北壁觀無量壽佛經變的佛寺、中唐第 361 窟北壁藥師經變的佛寺、中唐第 361 窟南壁阿彌陀經變的佛寺、晚唐第 85 窟北壁藥師經變的佛寺等。（圖 3.5）

圖 3.5 敦煌佛寺壁畫中的「鐘樓與經藏」對置布局

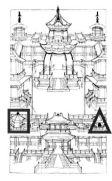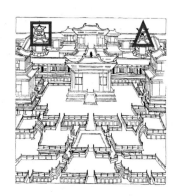

a. 盛唐第 217 窟北壁
觀無量壽佛經變的佛寺　　b. 中唐第 361 窟北壁
藥師經變的佛寺　　c. 晚唐第 85 窟北壁
藥師經變的佛寺

〔註33〕此圖上的布局，雖然看為「東經西鐘」形式，但實際上此圖的方位是上南下北，所以此布局仍然是「東鐘西經」布局。

　　到了宋代，宋代佛寺中也繼續見到此布局形式。而且隨著北宋以後經藏的再盛〔註 34〕，鐘樓與經藏的布局隨之再發展，以下幾座北宋佛寺布局中可以看到。

　　1. 北宋乾德六年（968 年）所建的杭州寶雲寺設有鐘樓與經藏，據《杭州寶雲寺記》記載：

　　　　寶雲寺者，吳越忠懿王所建千光王寺也。……以乾德戊辰歲春二月創是寺於錢塘門之西，建千光王像，因以名之。其制則臺門前闢，紺殿中立。高樓東健，鴻鐘屢發；案臺西峙，龍藏常轉。〔註 35〕

這裡的紺殿則是佛殿。此寶雲寺佛殿位於中心，其東為鐘樓，其西為經藏，即「東鐘西經」布局。

　　2. 北宋時期的大相國寺是當時皇室所建的重要寺院之一。在宋白的《修相國寺碑記》中記錄到北宋初期大相國寺的情況，其中有「正殿翼舒長廊，左鐘曰樓，右經曰藏，後撥層閣，北通便門。」〔註 36〕之句。這裡的左右概念則按照坐北朝南方向的看法，所以，大相國寺仍保持「東鐘西經」布局。（圖 3.6）據徐雄的研究來看，此鐘樓與經藏是從北宋至道二年（996 年）至咸平四年（1001 年）之間進行的大規模重修時，佛寺內才加建的。〔註 37〕

〔註 34〕張十慶，中國江南禪宗寺院建築，武漢：湖北教育出版社，2001：46。

〔註 35〕全宋文，第〇一七冊，卷三五二，夏竦，杭州寶雲寺記，上海：上海古籍出版社、合肥：安徽教育出版社，2006：178。

〔註 36〕〔北宋〕宋白，修相國寺碑記，〔清〕沈傳義修、黃舒昂纂，新修祥符縣志，卷一三，寺觀。

〔註 37〕徐雄，唐宋時期汴梁（東京）相國寺形制發展歷程的研究，清華大學碩士學位論文，2004：22。

圖 3.6　北宋咸平四年大相國寺中「東鐘西經」布局

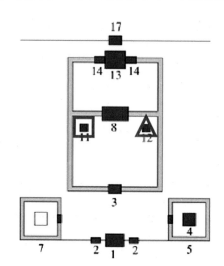

3. 北宋普照王寺也是如此。據日本僧人成尋寫的《參天台五臺山記》記載：

> （宋熙寧五年（1072 年）九月）廿一日……同四點，故徒行參普照王寺。……大佛殿前有花薗，立石，植種種花草並小樹花。西有經藏，四重閣也。內造寶殿，納銀色一切經，無帙，只綾羅裹之。開大集經一帙，奉禮見了。燒香供養人人多多也。東有鐘樓，四重閣上階有鐘，下階內有等身釋迦像。……鐘樓、經藏，上二階黃瓦，下二階碧色瓦。〔註38〕

由此可知，普照王寺鐘樓與經藏位於大佛殿前兩側，東為鐘樓，西為經藏。此兩座建築都為四重閣，上邊兩層鋪黃瓦，下邊兩層鋪碧色瓦。

4. 北宋崇聖寺的鐘樓與經藏，從《崇聖寺碑銘》中可以看到。

> 以元豐己未歲七月，工徒雲集，即其基外築防以圍之，預護水患，首尾千尺，舉趾高丈有五尺。中建殿堂，輪焉奐焉；周廡還洽，如翼如翬。御製碑殿據其端，鐘樓峙於東廡，經閣轟於西序。〔註39〕

〔註38〕〔日〕成尋、王麗萍校點，新校參天台五臺山記，上海：上海古籍出版社，2009：242～246。

〔註39〕全宋文，第○四七冊，卷一○二六，韓絳，崇聖寺碑銘並序，上海：上海古籍出版社、合肥：安徽教育出版社，2006：338。

　　由此可知，崇聖寺元豐二年（1079 年）重建時，採取「東鐘西經」布局。

　　綜上所述，除了敦煌壁畫中幾座佛寺之外，都採取「東鐘西經」布局。此布局形式，從唐代文獻及資料中開始見到。那麼，此形式爲從唐代佛寺中才開始的？不是，這是從韓國、日本的早期佛寺中，可以看到。

　　首先，看韓國早期佛寺遺址。高句麗定陵寺遺址（427 年），在中軸線上，建門、塔、佛殿（金堂）等，鐘樓與經藏設置於佛殿（金堂）的東西兩側。雖然這是考古發掘遺址，不能肯定，但是從柱子排列來推測，佛殿西側遺址爲鐘樓，東側遺址爲經藏。〔註40〕這是相當於中國南北朝前期的佛寺布局，因此可以推測，在南北朝佛寺中，可能有鐘樓與經藏對設格局。以後，百濟軍守里寺址（6 世紀中）、統一新羅千軍里寺址（推定建於 8 世紀初）和皇龍寺 3 次重建（754 年）等的佛寺中繼續見到此形式。（圖 3.7）

　　然後，就日本早期佛寺遺址而言，日本飛鳥時期佛寺遺址中也看到此布局形式。如飛鳥寺（596 年）、四天王寺（6 世紀末）、法隆寺（607 年）、興福寺（710 年）等。（圖 3.8）

　　從圖 3.7 和 3.8 來看，韓國和日本早期佛寺中的鐘樓與經藏對置沒有一定的方位規律。這是與敦煌壁畫中的情況一致，即「東鐘西經」與「東經西鐘」布局並存。

圖 3.7　韓國早期佛寺中的「鐘樓與經藏」布局

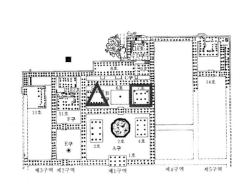
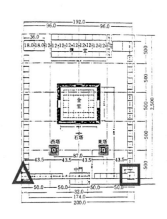

　　　　a. 高句麗定陵寺（427 年）　　　　b. 統一新羅千軍里寺址（8 世紀初）

〔註40〕〔韓〕金聖雨，高句麗寺址를　中心으로　考察한　5 世紀前後佛寺計劃의變化，建築歷史研究，第 5 卷 1 號，1996：12。

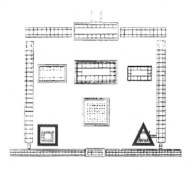

c. 統一新羅皇龍寺 3 次重建（754 年）

圖 3.8　日本早期佛寺中的「鐘樓與經藏」布局

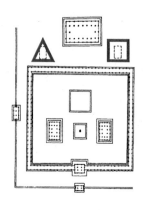

a. 飛鳥寺（596 年）

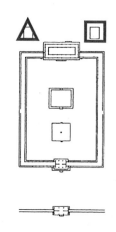

b. 四天王寺（6 世紀末）

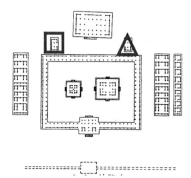

c. 法隆寺（607 年）

3.3.2　經藏與經藏、鐘樓與鐘樓

此布局是兩座經藏或鐘樓對峙的形式，即「東經西經」或「東鐘西鐘」布局。這是上述的「鐘樓與經藏」對置的一種變形布局方法。

經藏與經藏對置，即「東經西經」布局，從《法苑珠林》卷十二《結集部》中可以看到：

> 又迦葉佛時，震旦國之一人書大毘尼藏及修多羅藏。及修多羅
> 經，銀紙金書，毘尼律金紙銀書。當爾書時在荊州大明寺寫，經在
> 蓮華東面臺內，律在葉上西面臺，莊嚴供養，不可說盡。〔註41〕

這是《法苑珠林》的千佛篇中結集部的內容。千佛篇是對釋迦牟尼佛及以前諸佛故事的記錄，結集部是對經律論三藏的結集之舉的記錄。由此可知，上述的「毘尼藏」則是律藏，保存於葉上西面臺內，「修多羅藏」則是經藏，保存於蓮華東面臺內，即「東經西經」布局形式。雖然這是佛經的一部分，不能完全可信，但在三藏結集的過程中，當然需要存放佛經的場所，然後自然地出現上述的收藏經典的建築物。但這裡的經藏不是樓閣形式，而是「經臺」形式的建築。

雖然如此，南北朝及隋唐時期的佛寺記載中，找不到此形式。但在韓國統一新羅（相當於唐代）佛寺中，看見兩座經藏東西對稱設置的布局。據《三國遺事》卷四《義解》記載：

> 又一日將草索綯，入靈廟寺，圍結於金堂，與左右經樓及南門
> 廊廡。〔註42〕

這裡的靈廟寺創建於 635 年。由此可知，靈廟寺內至少設有佛殿、左經樓、右經樓、南門及廊廡。雖然全寺布局面貌尚未明確，但在中軸線左右兩側應該設置兩座經藏。

統一新羅的佛寺遺址中，也發現此布局形式。四天王寺（創建於 679 年）在中軸線上，設立山門、佛殿（又稱金堂）、講堂，然後迴廊圍繞全寺。在院落內佛殿前兩側設置東西雙塔，佛殿後兩側設置東西經臺。〔註43〕（圖 3.9）

〔註41〕〔唐〕釋道世撰、周叔迦、蘇晉仁校注，法苑珠林校注，卷十二，結集部第
　　　　十五，北京：中華書局，2003：432。
〔註42〕〔高麗〕一然撰、李載浩譯，三國遺事，卷四，義解，首爾：solbook，1997：
　　　　228、231。
〔註43〕此兩座建築遺址看為東西經臺的見解較多，但有的學者把它看作鐘樓與經藏
　　　　的布局。如，朱南哲認為，此兩座建築是鐘樓與經藏。（見於〔韓〕朱南哲，

此布局形式，在韓國佛寺中比較獨特的例子，是應該與統一新羅流行的密教有深遠的關係。〔註44〕

圖3.9　統一新羅四天王寺中的「東經西經」布局

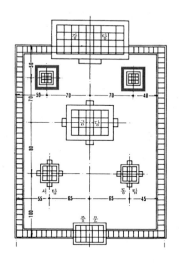

此外，在《三國遺事》卷三《塔像》中也提到此布局，

> 貞明七年辛巳五月十五日，帝釋降於寺之左經樓，留旬日。

〔註45〕

這是在後梁貞明七年（921年）的統一新羅興輪寺的記載，此佛寺有「左經樓」。從此名稱來推測，佛寺內應該還有與「左經樓」對置的「右經樓」。

鐘樓與鐘樓對置，即「東鐘西鐘」布局，唯一見到唐道宣撰的《中天竺舍衛國祇洹寺圖經》中，據記載：

> 塔傍左右立二鐘臺。左邊是他化天王第三子名無畏所造。鐘及臺並頗梨所成。右邊是兜率天王所造。鐘及臺並金銀所成。二鐘各受五十斛不常鳴。每至十方諸佛集始鳴。聲聞百閻百億世界。

〔註46〕

韓國建築史，首爾：高麗大學出版部，2000：124）。

〔註44〕　〔韓〕金尚泰、朴彥坤，四天王寺의，密教的特性에，關한研究，大韓建築學會論文集，20卷4號，2004：151～158。

〔註45〕　〔高麗〕一然撰、李載浩譯，三國遺事，卷三，塔像，首爾：solbook，1997：51、52。

〔註46〕　大正新修大藏經，第45冊，No. 1899，〔唐〕道宣，中天竺舍衛國祇洹寺圖經（見於大藏經在線閱讀 http://sutra.goodweb.cn）。

此《中天竺舍衛國祇洹寺圖經》，雖然描述天竺舍衛國祇洹寺的情況，但是實際上描述南北朝以來的中國佛寺情況。因此，此布局形式，可能是當時存在的佛寺布局手法之一。（圖 3.10）

圖 3.10　《中天竺舍衛國祇洹寺圖經》示意圖中的「東鐘西鐘」布局

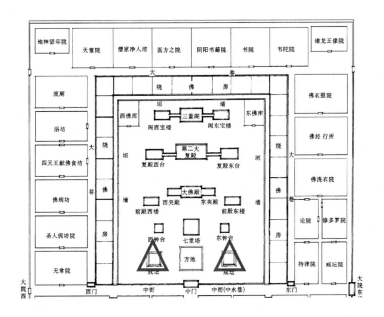

3.3.3　經藏或鐘樓單獨配置

此布局是一座經藏或鐘樓單獨配置的形式。這是與「經藏與經藏」、「鐘樓與鐘樓」布局同樣，從「鐘樓與經藏」布局的一種變形形式。

在佛寺內單獨設置經藏的情況，從南北朝至唐代文獻中可以看到。

1. 南朝宋時期，佛寺內設有「經堂」，據《法苑珠林》的記載：

　　宋尼慧木者，姓傅氏。……師慧超嘗建經堂，木往禮拜。

〔註 47〕

這裡的「經堂」應該是「經藏」的別稱。此記載的上下文中沒有提到其他建築，所以可以推測於經藏單獨配置格局。

2. 北魏佛寺中也見到，據《魏書》卷九十《馮亮》記載：

　　延昌二年（513 年）冬，因遇篤疾，世宗敕以馬輿送令還山，

〔註 47〕〔唐〕釋道世撰、周叔迦、蘇晉仁校注，法苑珠林校注，卷十五，北京：中華書局，2003：519。

居崧高道場寺。數日而卒。……積十餘日，乃焚於山。以灰爐處，
起佛塔經藏。〔註48〕

這裡提到佛塔與經藏。那麼，他們如何配置？南北朝佛寺一般採取以佛塔爲中心的布局，所以，佛塔應該居中，經藏可能位於此後邊或此旁邊。

3. 據《海州大雲寺禪院碑》的記載：

先天中，有惠藏禪師，聞之斯行，居而不住，妙齡強植，勁節
老成，被甲律儀，下帷經藏。〔註49〕

由此可知，惠藏禪師住持的先天年間（712～713 年），在海州大雲禪寺內建立經藏，但具體布局情況尚未明確。

鐘樓單獨配置形式，與「經藏單獨配置」一樣，難以找到明確的記載。

從「寺之制度，鐘樓在東，唯此寺緣李右座林甫宅在東，故建鐘樓於西。」〔註50〕之句中，可以看到鐘樓單獨配置。但是，這裡的鐘樓，由於李林甫宅位於東側的原因，不得不設置於全寺西側。

以後，鐘樓單獨配置從明代南京佛寺中再出現。明代看到的鐘樓單獨配置，應該與上述的早期單獨配置有所區別。所以，明代鐘樓單獨配置在 3.3.13 節中再說。

3.3.4　鐘樓與佛塔

此布局是鐘樓與佛塔對置的形式。目前，無論在中國佛寺，還在韓國、日本佛寺遺址及實例中，此布局形式唯一見到河北正定開元寺。（圖 3.11）據劉友恒和聶連順的研究，此布局形式爲，由以佛塔爲中心布局轉變以佛殿爲中心的演變過程中所產生的過渡性佛寺布局實例。〔註51〕

首先，看對於此布局的相關記載。據明萬曆二十八年（1600 年）的《重修眞定開元寺記》記載：

毗盧閣左右伽藍，給孤堂，前有門樓，後有雁塔，則齊之遺址，

〔註48〕〔北齊〕魏收撰，魏書，卷九十，列傳逸士第七十八，馮亮，北京：中華書局，1974：1931。

〔註49〕欽定四庫全書，集部，總集類，〔宋〕李昉，文苑英華，卷八百七，海州大雲寺禪院碑，文淵閣四庫全書電子版。

〔註50〕〔唐〕段成式撰、方南生點校，西陽雜俎，續集卷五，寺塔記上，北京：中華書局，1981：253。

〔註51〕劉友恒、聶連順，河北正定開元寺發現初唐地宮，文物，1995（06）期：63。

上凌青霄實眾大筏殿，左側有古鐘樓。〔註52〕

又據清嘉慶十四年（1809年）的《重修開元寺碑記》記載：

　　正郡開元寺之建也，歷世久遠，遞壞遞修，迄於國朝相沿不墜，

左鐘樓，右浮圖，前天王殿、伽藍殿，後法船正殿。〔註53〕

圖3.11　正定開元寺中「鐘樓與佛塔」對置布局

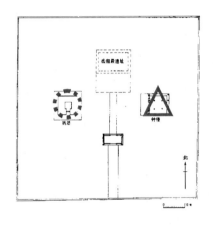

　　那麼，鐘樓與佛塔的布局形式從什麼時候開始形成？為了回答此問題，我們先看佛塔與鐘樓的建立年代。關於開元寺塔的始建年代，現在有兩種不同的記載。

　　一種記載是唐大曆十二年（777年）的《解慧寺三門樓贊並序》：

　　（三門樓的）北有雁塔，建乎齊朝。〔註54〕

　　這裡的雁塔是北齊時期（550～577年）所建的，上述的明萬曆年間《重修眞定開元寺記》就引用此記載。另一種記載為清康熙七年（1668年）《眞定開元寺重修浮圖記》：

　　修浮圖時有二異，一築地基下至丈餘見有石函，緘封固密，朱

〔註52〕明萬曆二十八年，重修眞定開元寺記。這是從《近50年正定古建築維修中發現的文字題記初步研究》（劉友恒、樊瑞平、杜平，文物春秋，2006（01）：52）中再引用。

〔註53〕清嘉慶十四年，重修開元寺碑記。這是從《近50年正定古建築維修中發現的文字題記初步研究》（劉友恒、樊瑞平、杜平，文物春秋，2006（01）：52）中再引用。

〔註54〕唐大曆十二年，解慧寺三門樓贊並序。這是從《河北正定開元寺發現初唐地宮》（劉友恒、轟連順，河北正定開元寺發現初唐地宮，文物，1995（06）：67、68）中再引用。

書貞觀十年……。〔註55〕

據此記載，開元寺塔建於唐貞觀十年（636 年）。據劉友恒的研究，從開元寺塔的建築風格來看，這應該是唐代遺物。〔註56〕

關於鐘樓的始建年代，現存文獻中沒有明確的記載。據《解慧寺三門樓贊並序》記載中，只提到三門樓、法船正殿和塔，沒有提到鐘樓，所以唐大曆十二年（777 年）時，鐘樓尚未建立，次以後在佛寺內才進入到。梁思成等古建築專家們，從鐘樓的建築風格來推測，鐘樓應該為晚唐建築。〔註57〕

總而言之，在開元寺內鐘樓與佛塔對稱布局，是從鐘樓在佛寺內出現的晚唐時期才開始的。

3.3.5　樓閣式雙塔

此布局是兩座樓閣式佛塔對稱設置的形式。早期佛寺有以佛塔為中心的布局，佛塔則是早期佛寺布局中不可缺少的布局要素。雖然佛寺中出現多樣形制的佛塔，但本章主要談到樓閣建築，因此在此對兩座樓閣式塔對稱布局進行梳理。

文獻中對於雙塔的記載，在東晉初已經出現了。〔註58〕如，東晉元帝（317～322 年在位）時期，武昌昌樂寺內曾建有東、西塔。據唐張彥遠《歷代名畫記》卷五《王廙》記載：

> 王廙，字世將上品上。琅邪臨沂人。……元帝時為左衛將軍，封武康侯。時鎮軍謝尚於武昌昌樂寺造東塔，戴若思造西塔，並請廙畫。〔註59〕

東晉長干寺也出現了雙塔，據《高僧傳》卷十三《竺慧達傳》記載：

> 晉寧康（373～375 年在位）中至京師。先是簡文皇帝（371～372 年在位）於長干寺造三層塔。塔成之後每夕放光。……夜見剎下時有光出。……乃於舊塔之西更豎一剎。施安舍利。晉太元十六

〔註55〕清康熙七年，真定開元寺重修浮圖記。這是從《正定四塔名稱及創建年代考》（劉友恒，文物春秋，1996（01）：54）中再引用。

〔註56〕劉友恒，正定四塔名稱及創建年代考，文物春秋，1996（01）：54、55。

〔註57〕劉友恒、轟連順，河北正定開元寺發現初唐地宮，文物，1995（06）：63。

〔註58〕劉敦楨，中國古代建築史（第二版），北京：中國建築工業出版社，1984：87。

〔註59〕〔唐〕張彥遠撰、承載譯注，歷代名畫記全譯（修訂版）卷五，王廙，貴陽：貴州人民出版社，2008：275。

年（391 年）。孝武更加爲三層。〔註60〕

由這些記載可知，東晉時期佛寺內已經存在東、西雙塔布局，但尙不明確其具體布局情況。而且東晉長干寺雙塔布局，不是同時形成的，而是在「舊塔之西」建立西塔後才完成的。

南北朝時期，佛寺中繼續看到雙塔布局形式。如，南朝宋明帝（465～472 年在位）在湘宮寺建立雙塔，據《南齊書》卷五十三《虞願傳》記載：

> 帝以故宅起湘宮寺，費極奢侈。以孝武（454～464 年在位）莊
> 嚴刹七層，帝欲起十層，不可立，分爲兩刹，各五層。〔註61〕

這裡的湘宮寺本來計劃建立一座十層塔，但由於當時技術上或財力上的限制，不得已改爲兩座五層塔。

南朝梁武帝（502～549 年在位）分舍利興建阿育王寺雙塔的故事，記載於《梁書》卷五十四《諸夷》：

> 先是，三年八月，高祖改造阿育王寺塔，出舊塔下舍利及佛爪
> 髮。……至四年九月十五日，高祖又至寺設無捨大會，豎二刹，各
> 以金罌，次玉罌，重盛舍利及爪髮，內七寶塔中。又以石函盛寶塔，
> 分入兩刹下，及王侯妃主百姓富室所捨金、銀、鐶、釧等珍寶充積。
>
> 〔註62〕

由此可知，梁武帝在大同三年（537 年）改造阿育王寺塔，然后翌年重建雙塔，而把舍利分別埋入兩座塔的地宮中。

隋唐時期，佛寺雙塔布局相當普遍。首先，看隋代佛寺雙塔布局。

1. 修梵寺，據《隋京師大興善寺釋慧重傳》記載：「州內修梵寺先爲文帝造塔。有一分舍利。欲與今塔。同日下基。其夜兩塔雙放光明。」〔註63〕

2. 光明寺（武后天授元年（690 年）改名大雲經寺），初建於隋開皇四年（584 年），寺內建有雙塔，據唐韋述《兩京新記》卷三記載：「（懷遠坊）東南隅，大雲經寺。（開皇四年，文帝爲沙門法經所立。）寺內二浮圖，東西相

〔註60〕 大正新修大藏經，第 50 冊，No. 2059，〔梁〕慧皎，高僧傳，卷十三（見於大
　　　　藏經在線閱讀 http://sutra.goodweb.cn）。

〔註61〕 欽定四庫全書，史部，正史類，〔梁〕蕭子顯，南齊書，卷五十三，列傳第三
　　　　十四，良政，虞願傳，文淵閣四庫全書電子版。

〔註62〕 欽定四庫全書，史部，正史類，〔唐〕姚思廉，梁書，卷五十四，列傳第四十
　　　　八，諸夷，文淵閣四庫全書電子版。

〔註63〕 大正新修大藏經，第 50 冊，No. 2060，〔唐〕道宣，續高僧傳，卷二十六，隋
　　　　京師大興善寺釋慧重傳六（見於大藏經在線閱讀 http://sutra.goodweb.cn）。

值。」〔註64〕

3. 法界尼寺，據《長安志》卷九《豐樂坊》記載:「豐樂坊西南隅法界尼寺，隋文獻皇后爲尼華暉、令容所立。有雙浮圖，各崇一百三十尺。」〔註65〕

4. 禪定寺，據《法苑珠林》卷一百《傳記篇·興福部》記載:「隋煬帝。（爲孝文皇帝、獻皇后，長安造二禪定並二木塔，並立別寺一十所，官供十年。）」〔註66〕這裡的兩所禪定寺（唐武德元年各改爲莊嚴寺和總持寺）位於和平、永陽兩坊之半，其制度相同，各建有一座樓閣式木塔，東西兩塔對峙。

然後，看唐代佛寺中雙塔布局形式如下。

1. 杭州開元寺，據《杭州開元寺新塔碑》記載:「杭州開元寺，梁天監四年（505年）豫州刺史譙郡戴朔捨宅爲寺，寺號『方興』，名僧惠圓營建之，後處士戴元、范賓恭增飾之，至開元二十六年（738年）改爲開元寺。庭基坦方，雙塔樹起，日月逝矣，材朽將傾。廣德三年（765年）三月，西塔壞，凶荒之後，人願莫展。」〔註67〕這裡的雙塔「材朽將傾」，終於廣德三年（765年）西塔壞了。由此可知，當時此雙塔應該爲樓閣式木塔。

2. 魏州開元寺，據《魏州開元寺新建三門樓碑》記載:「開元者，在中宗時草創，則曰中興，在元宗時革故，則曰開元。……公頃曾入寺，虔恭作禮，有舍利兩粒，降於其瓶，光明圓淨，瑩徹心目。蓋舍利者，非常之瑞雖一粒二粒，乃至多粒，供養功德，以金身等。遂於寺內起塔二所，而分葬焉。」〔註68〕由此可知，魏州開元寺原來是唐中宗時期所創建的中興寺。爲了把寶應元年（762年）所獲的舍利分葬，在寺內建了雙塔。

3. 泉州開元寺也曾經設有樓閣式雙塔。雖然，目前南宋時期所建的東西雙塔爲磚石結構，但是此雙塔本來爲木構建築。從「東塔咸通間僧文偁造，西塔梁正明間王審知造。」〔註69〕之句來看，此樓閣式雙塔分別於唐咸通六

〔註64〕〔唐〕韋述撰、辛德勇輯校，兩京新記輯校，卷三，西安:三秦出版社，2006:50。

〔註65〕欽定四庫全書，史部，地理類，古蹟之屬，〔宋〕敏求，長安志，卷九，豐樂坊文淵閣四庫全書電子版。

〔註66〕〔唐〕釋道世撰、周叔迦、蘇晉仁校注，法苑珠林校注，卷一百，傳記篇，興福部，北京:中華書局，2003:2894。

〔註67〕欽定四庫全書，集部，總集類，〔宋〕李昉，文苑英華，卷八百六十，杭州開元寺新塔碑，文淵閣四庫全書電子版。

〔註68〕欽定四庫全書，集部，總集類，〔宋〕李昉，文苑英華，卷八百六十三，魏州開元寺新建三門樓碑，文淵閣四庫全書電子版。

〔註69〕欽定四庫全書，史部，地理類，總志之屬，〔宋〕祝穆，方輿勝覽，卷十二，

年（865 年）和五代後梁貞明二年（916 年）建立。

　　我們已經看到，在文獻中所見的東晉至隋唐佛寺中的樓閣式雙塔布局。但由於文獻記載的限制，難以判斷其具體布局情況。而且，目前中國早期佛寺遺址中也沒有發現雙塔布局的實例。但是，在韓國和日本的早期佛寺遺址中，曾經出現了樓閣式雙塔布局。這應該是瞭解早期中國佛寺雙塔布局形式的重要參考資料。

　　韓國佛寺的雙塔布局，集中地出現於統一新羅時期（676～935 年）。如，慶州四天王寺（679 年），在中軸線上，設有山門、佛殿（也稱金堂）、講堂，在佛殿前設立東西兩塔，整個佛寺周圍設有迴廊。此布局形式持續到感恩寺（682 年）、望德寺（685 年）、千軍洞寺址（8 世紀初）、佛國寺（751 年）、遠願寺（8 世紀中）等。

　　但是，統一新羅的佛塔以石塔爲主，因此，樓閣式雙塔就是從早期一些佛寺中可以看到，如四天王寺和望德寺。（圖 3.12）這些佛寺的樓閣式雙塔，都位於中心院落迴廊以內，佛殿（金堂）前東西兩側。

　　日本佛寺的雙塔布局，出現於飛鳥白鳳時代藤原京（694～710 年）和奈良時代平城京（710～784 年）的一些佛寺。目前所發現的日本最早的雙塔布局爲藥師寺（680 年），以後在大官大寺（7 世紀下半年）、興福寺（710 年）、大安寺（716 年）、元興寺（718 年）、東大寺（751 年）、唐招提寺（759 年）等的佛寺布局中繼續看到。

　　通過這些佛寺平面布局的分析可知，日本佛寺的雙塔布局可以分爲兩個類型〔註 70〕：一、雙塔位於中心院落迴廊以內，見於飛鳥白鳳時代藤原京佛寺；二、雙塔位於中心院落以外前方兩側，見於奈良時代平城京佛寺。前者與同時期的統一新羅的雙塔布局相同，是因爲白鳳時代與統一新羅交流比較多，而與唐朝交流尚不多。所以可以說當時佛寺雙塔布局受到了統一新羅佛寺的影響。〔註 71〕但是，奈良時代是與唐朝交流頻繁並積極學習唐文化及制

泉州，文淵閣四庫全書電子版。

〔註70〕日本學者小野勝年，按塔位於院落內還是院落外，把日本佛寺雙塔布局分爲「藥師寺式」和「東大寺式」。本文也按他的說法進行分類。（小野勝年，日唐文化關係中的諸問題，考古，1964（12）：623）。

〔註71〕日本白鳳時代，尤其天武天皇（公元 631～686 年）時期，在外交方面，676 年新羅統一了朝鮮半島，新羅使者來到日本，天武天皇也向新羅派遣遣新羅使，與新羅保持外交聯繫，因此與當時同新羅對立的大唐斷絕外交關係。（參考於 http://www.hudong.com/wiki/天武天皇）。

度的時期，因此這些佛寺的布局應該受到唐代多院佛寺的東西塔院的影響。
（圖 3.13）

圖 3.12　統一新羅佛寺中的樓閣式雙塔布局

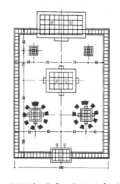
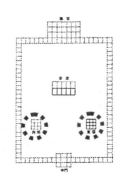

a. 四天王寺（679 年）　　　　　b. 望德寺（685 年）

圖 3.13　日本早期佛寺中的樓閣式雙塔布局

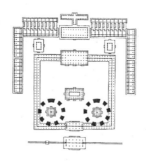

a. 藥師寺（680 年）　　　　　b. 興福寺（710 年）

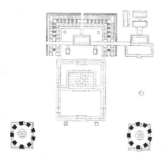

c. 東大寺（751 年）

3.3.6　鐘樓與輪藏

　　此布局是鐘樓與輪藏〔註72〕對置的形式。嚴格說來，此布局應該屬於「鐘樓與經藏」形式，但是隨著輪藏的大量和明顯地發展，我們可以作爲「鐘樓與經藏」和「鐘樓與輪藏」之分。

　　輪藏，雖然始於南朝梁代，但宋代以後才開始流行。尤其，在南宋江南禪寺中，可以看到輪藏在佛寺布局上明顯突出，有的佛寺中輪藏已經取代了經藏。這是說明，輪藏的普及與流行是與南宋禪寺的興盛密切相關的。〔註73〕

　　北宋時期寶林禪院設有鐘樓與輪藏，據《錄寶林事實》記載：

> 寶林禪院始於宋元微中（473〜477 年），浮屠惠基得郡人皮道興所施宅，因山以造。梁大同中賜號寶林寺。唐會昌中廢，乾符中復興，更號應天寺，本朝因之。……熙寧十年（1077 年）八月丙申，一夕火，棟宇灰燼。……以明年（1078 年）三月興工。……（佛殿）前爲三門，其左則鐘樓、幡刹、廚庫之所相望也，其右則轉輪、經藏、僧堂之所相屬也。〔註74〕

　　由此可知，寶林禪院的佛殿前兩側設置鐘樓與輪藏，東側爲鐘樓，西側爲輪藏，但此時期經藏也仍然存在。

　　從《五山十刹圖》中的天童寺、靈隱寺、萬年寺的平面布局來看，這些佛寺都設置輪藏，而且其位置已經定型，即山門之內的西側。但鐘樓與輪藏對置，只見於靈隱寺，鐘樓位於佛殿前東側，輪藏位於佛殿前西側。（圖3.14）；天童寺、萬年寺的輪藏位於中心院落的西側，但對面沒有設置其他建築，單獨設置。

　　雖然南宋天童寺的輪藏是單獨設立的，但到了元代，其布局有所改變。元至正十九年（1359 年）重建朝元寶閣（南宋時期的山門）時，出現鐘樓與輪藏對置格局。據《朝元閣碑銘》記載：

> 屋，中爲七間，兩偏四間，左鴻鐘，右輪藏，下爲三間，以通出入。〔註75〕

〔註72〕輪藏，又稱轉藏，是能旋轉的藏置佛經的書架。設機輪，可旋轉，故名。

〔註73〕張十慶，中國江南禪宗寺院建築，武漢：湖北教育出版社，2001：46。

〔註74〕〔北宋〕秦觀，淮海集，卷三十六。這是從《七堂伽藍小考》（尚晉，清華大學碩士學位論文，2011：68）中再引用。

〔註75〕〔元〕危素，朝元閣碑銘，新修天童寺志，北京：宗教文化出版社，1997：105。

由此可知，鐘樓與輪藏對置格局，應該爲宋元禪寺中常用的布局手法之一。

圖 3.14　南宋靈隱寺中的「鐘樓與論藏」對置布局

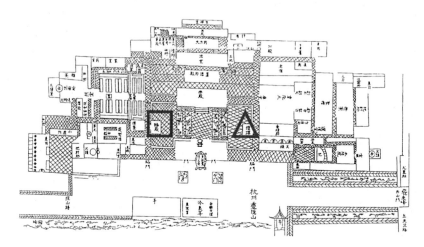

3.3.7　鐘樓與觀音閣

此布局是鐘樓與觀音閣〔註 76〕對置的形式。觀音閣盛行於宋代及宋代以後的佛寺，因此，此布局形式與當時觀音信仰的普及和流行有密切相關。

北宋景祐五年（1038 年）五月許欽寫的《大宋廣州新會縣仙湧山重修地藏院記》中，有對鐘樓與觀音閣的記載。

> 未數年間，眾施金寶，市材傭工，建造正□殿三間，羅漢十王堂各五間，法堂僧堂共十間，官廳又十間，觀音樓暨鐘樓二座三間，迴廊共九間。〔註 77〕

由此可知，此時期地藏院內建立正□殿、羅漢十王堂、法堂、僧堂、官廳、觀音樓、鐘樓、迴廊等。從文獻中的「觀音樓暨鐘樓二座」之句來看，這應該是觀音樓與鐘樓對稱格局。

南宋天童寺布局也是如此，天童寺佛殿前兩側建立鐘樓與觀音閣，東爲鐘樓，西爲觀音閣。（圖 3.15）但如前節所述，到了元代，天童寺的「鐘樓與

〔註76〕觀音閣，又稱大悲閣，是供奉觀音菩薩的樓閣。隨著明清時期殿堂建築的發展及興盛，最後形成於觀音殿（又稱圓通殿、大士殿等）形式。

〔註77〕全宋文，第〇二二冊，卷四七七，許欽，大宋廣州新會縣仙湧山重修地藏院記，上海：上海古籍出版社、合肥：安徽教育出版社，2006：431。

觀音閣」布局改變到「鐘樓與輪藏」布局。

圖 3.15　南宋天童寺中的「鐘樓與觀音閣」對置布局

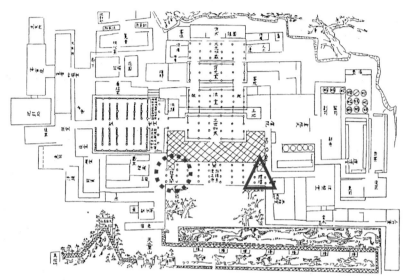

據伊東忠態的研究，他在河北昭化寺布局中曾經發現此布局形式。在 1937 年，日本學者伊東忠態對此佛寺進行初步調查，然後他在《東洋建築の研究（上）》中，記錄了當時的情況：

> 天王殿左右有樓，東稱潮音之樓，即鐘樓，西稱大悲之閣，是供奉觀音的地方。二樓形式相仿，歇山十字脊。[註78]

由此可知，1937 年當時在昭化寺內可能存在「鐘樓與大悲閣」對置格局。（圖 3.16.a）目前，昭化寺沒有鐘樓與大悲閣，只有山門、天王殿、大雄寶殿、三大士殿、源殿等的建築。[註79] 但是，在 2004 年考古勘察時，考古隊發現此兩樓的遺址，他們認為這不是「鐘樓與大悲閣」遺址，而是「鐘樓與鼓樓」的遺址。（圖 3.16.b）

[註78] 河北省古代建築保護研究所，昭化寺，北京：文物出版社，2007：22。
[註79] 河北省古代建築保護研究所，昭化寺，北京：文物出版社，2007：41。

圖 3.16　河北昭化寺平面圖

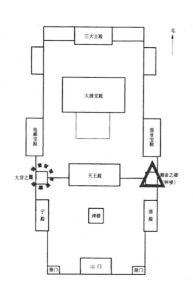 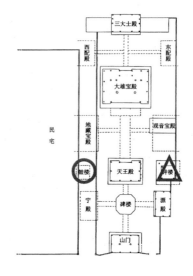

a. 1937 年伊東忠態所畫的平面　　　b. 昭化寺建築遺址分佈平面

　　那麼，此兩座樓到底是「鐘樓與大悲閣」還是「鐘樓與鼓樓」？目前，我們不知道伊東忠態憑什麼根據來論述他的觀點，但是筆者認為此布局應該是「鐘樓與鼓樓」格局。其理由是以下的文獻記載：據明正統十年（1445 年）所立的《敕賜昭化寺碑》記載：

> 先捨己貲為倡，官僚士庶而翕然樂從；咸曰：「斯寺之廢已久，一旦幸遇明公舉修，殆非偶然」。於是，富者助財，貧者捨力，謀猷相度，傭工庀材，諏日興作，治其繁蕪；拓其規制，中立大雄寶殿，次列天王殿，前闢山門，東居觀音羅漢，西奉地藏十王，後建三大士殿，伽藍護法，各有位次。藏經有殿，僧房丈室，庖湢廩庫，供具器物，種種咸備。……經始於正統改元丙辰二月，落成於癸亥春二月。〔註80〕

　　這裡的昭化寺，為從明正統元年（1436 年）至正統八年（1445 年）之間進行的佛寺擴建的情況。當時佛寺內有大雄寶殿、天王殿、山門、三大士殿、藏經殿、僧房、庖湢廩庫等的建築。但此碑文中，沒有看到鐘樓與大悲

〔註80〕明正統十年（1445 年）《敕賜昭化寺碑》，見於河北省古代建築保護研究所，昭化寺，北京：文物出版社，2007：19。

閣或者鐘樓與鼓樓的記載。所以，上述的對稱格局，在 15 世紀中葉以後才
進入到佛寺內。

3.3.8　鐘樓與華嚴閣 〔註81〕

此布局是鐘樓與華嚴閣對置的形式，是從宋代禪寺中可以看到的布局形
式。

據《瑞光巖丹霞禪院記》記載：

> 而郡之丹霞院應改，朝散大夫權邵事陳侯移額於巖中，以成師
> 志，寺因號丹霞。……為門、為殿、為法堂、為丈室於中。為鐘樓、
> 為庫、為廚於左。為華嚴閣、為應真閣、為僧堂於右。皆規模叢林，
> 具體而微，制度精巧，金碧炳煥。〔註82〕

這裡的丹霞禪院始建於北宋政和元年（1111 年），在中軸線上設有三門、
佛殿、法堂、丈室；在中軸線東側設置鐘樓、庫室、廚房；在中軸線西側設
置華嚴閣、應真閣、僧堂。因此，在佛寺內共有 3 組對稱布局，即「鐘樓與
華嚴閣」、「庫室與應真閣」、「廚房與僧堂」。因此，北宋佛寺布局中有了東為
鐘樓，西為華嚴閣的「鐘樓與華嚴閣」對稱布局。

3.3.9　鐘樓與僧伽閣 〔註83〕

此布局是鐘樓與僧伽閣對置的形式，是從宋代禪寺中可以看到的布局形
式。

據《華嚴院記》記載：

> 首建三門，作兩序屋，修普光明大殿。前峙雙閣，一以像僧伽，
> 一以館鐘處。東為香積廚，繞以複屋，闢典事堂，有廩有廁。西為
> 三聖堂，增其後架，設賓客館，有湢有廄。造演法潮音堂，總屋於
> 其中。又建華嚴閣於寢室之上，以實毗盧法寶之藏。〔註84〕

〔註81〕「鐘樓與華嚴閣」對稱形式，見於《七堂伽藍小考》（尚晉，清華大學碩士學
位論文，2011：71）。

〔註82〕欽定四庫全書，集部，別集類，南宋建炎至德祐，〔宋〕李綱，梁溪集，卷一
百三十三，瑞光巖丹霞禪院記，文淵閣四庫全書電子版。

〔註83〕「鐘樓與僧伽閣」對稱形式，見於《七堂伽藍小考》（尚晉，清華大學碩士學
位論文，2011：70）。

〔註84〕欽定四庫全書，集部，別集類，北宋建隆至靖康，〔宋〕釋惠洪，石門文字禪，

這裡的華嚴院完工於北宋政和五年（1115 年）。此佛寺規模宏大，布局完整。大殿前兩側建立雙閣，鐘樓與僧伽閣。雖然在此沒有提到東西方位，但從唐代以來的「鐘樓在東」〔註85〕的傳統布局來推測，鐘樓應該位於東側，僧伽閣應該位於西側。

此布局形式，由韓國高麗時期佛寺中也可以看到。北宋宣和五年（1123 年），宋人徐兢參觀高麗首都松都回來撰的《宣和奉使高麗圖經》中有此類型布局。據記載：

> 廣通普濟寺，在王府之南，泰安門內，直北百餘步。寺額揭於官道南向中門，榜曰神通之門。正殿極雄壯，過於王居，榜曰羅漢寶典。……殿之西爲浮屠五級，高逾二百尺。後爲法堂，傍有僧居，可容百人。相對有巨鐘，聲抑而不揚。〔註86〕

由此可知，廣通普濟寺中軸線上有中門、正殿、法堂。然後，5 層佛塔位於正殿西側，僧居位於法堂旁邊，而其相對有巨鐘。雖然此鐘懸於鐘樓或鐘廬，還是放在鐘臺上，不太清楚，但此格局可以成爲「鐘樓與僧居」對稱格局。

3.3.10 慈氏閣與輪藏

此布局是慈氏閣〔註87〕與輪藏對置的形式。

此布局從河北正定隆興寺布局中可以看到。正定隆興寺爲現在保存較爲完整的北宋寺院。慈氏閣與輪藏位於戒壇與佛香閣之間兩側，東爲慈氏閣，西爲轉輪藏。（圖 3.17）慈氏閣與輪藏都是北宋中期所建的，所以此布局爲北宋時期佛寺布局手法之一。

卷二十二，華嚴院記，文淵閣四庫全書電子版。

〔註85〕「寺之制度，鐘樓在東，唯此寺緣李右座林甫宅在東，故建鐘樓於西。」（〔唐〕段成式撰、方南生點校，酉陽雜俎，續集卷五，寺塔記上，北京：中華書局，1981：253）。

〔註86〕〔宋〕徐兢撰、朴慶輝校注，宣和奉使高麗圖經，卷十七，祠宇，吉林文史出版社，1986：34。

〔註87〕慈氏則是彌勒菩薩，所以慈氏閣是供奉彌勒菩薩的樓閣。

圖 3.17　河北正定隆興寺中的「慈氏閣與輪藏」對置布局

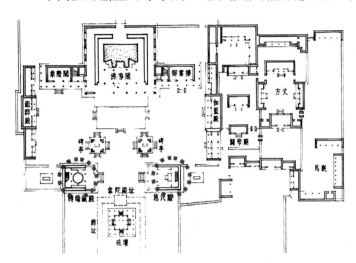

3.3.11　觀音閣（殿）與輪藏

　　此布局是觀音閣（殿）與輪藏對稱設置的形式。從上述的「鐘樓與輪藏」、「鐘樓與觀音閣」布局來看，鐘樓、輪藏、觀音閣都為宋元禪寺中所常見的布局要素。所以我們可以推測，宋元禪寺中應該見到「觀音閣與輪藏」布局形式。

　　但實際上，此格局在明代中前期佛寺中是常見的布局手法。〔註88〕而且由於明清佛寺建築以殿堂形式為主，此對稱布局不是「觀音閣與輪藏閣」，而是「觀音殿與輪藏殿」。由此可知，在宋元禪寺中鐘樓與輪藏和觀音閣搭配，到了明代，由於出現鐘樓與鼓樓對設布局，它們自己也相互配合而形成對稱格局。

　　觀音殿與輪藏殿對置布局，明代南京佛寺中可以看到。《金陵梵刹志》所記載的大寺 3 所、次大寺 5 所，共 8 所佛寺中，大寺 2 所（報恩寺、天界寺）、次大寺 4 所（能仁寺、弘覺寺、雞鳴寺、靜海寺），即 6 所佛寺中使用此布局形式。這說明，明代前期此布局形式相當普遍。此外，規模較小的中、小寺（普德寺、承恩寺、清溪鷲峰寺、方山定林寺、寶光寺等）中也看到此形式。這些佛寺中的觀音殿與輪藏殿，其東西位置已經明確，即東為觀音殿，西為輪藏殿。（圖 3.18）

───────────────

〔註88〕張十慶，中國江南禪宗寺院建築，武漢：湖北教育出版社，2001：57。

圖 3.18　明南京佛寺中的「觀音殿與輪藏」對置布局

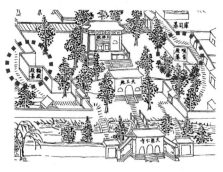

a. 天界寺（大寺）

b. 能仁寺（次大寺）

c. 弘覺寺（次大寺）

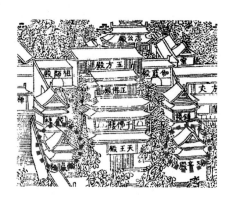

d. 雞鳴寺（次大寺）

此布局形式，明正統年間所建的平武報恩寺和北京智化寺中也看到。平武報恩寺始建於明正統五年（1440 年）。報恩寺輪藏殿和觀音殿，稱爲華嚴藏和大悲殿，位於天王殿和大雄寶殿之間兩側，北爲大悲殿，南爲華嚴藏。〔註 89〕大悲閣是供奉約 9 米高的千手觀音立像的建築，華嚴藏是存放《華嚴經》的建築，殿內正中設置轉輪藏一座。（圖 3.19）

明北京智化寺始建於正統八年（1443 年）。智化寺智化門與智化殿之間兩側設有輪藏殿與大智殿。大智殿內中央供奉觀音像，所以輪藏殿和大智殿對稱布局也屬於此類。（圖 3.20）

綜上所述，觀音殿與輪藏殿對稱布局，應該成爲明代佛寺典型布局手法之一。

〔註 89〕由於平武報恩寺坐西朝東，所以嚴格地說，此兩座建築不是東西對置，而是南北對置布局。

圖 3.19 四川平武報恩寺中的「觀音殿與輪藏殿」對置布局

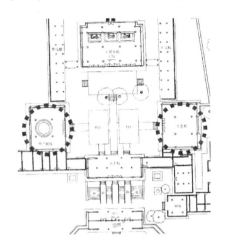

圖 3.20 北京智化寺中的「觀音殿與輪藏殿」對置布局

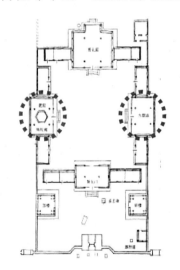

3.3.12 鐘樓與井亭

　　此布局是鐘樓與井亭對稱設置的形式，從明初南京靜海寺中可以看到。

　　靜海寺是永樂年間新建的佛寺，爲明南京五次大剎之一。據《金陵梵剎志》卷十八《盧龍山靜海寺》記載與圖像資料可知〔註 90〕，明初靜海寺的鐘樓與井亭，位於山門和天王殿之間兩側，東爲鐘樓，西爲井亭。（圖 3.21）

────────────

〔註90〕〔明〕葛寅亮撰、何孝榮點校，金陵梵剎志，南京：南京出版社，2011：360～365。

圖 3.21　明南京靜海寺中的「鐘樓與井亭」對置布局

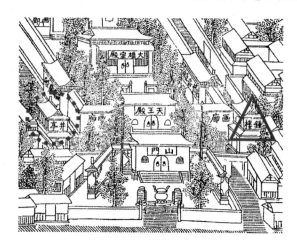

3.3.13　鐘樓單獨配置

在上述的 3.3.3 節「經藏與鐘樓單獨配置」中，已經看到鐘樓單獨配置。早期佛寺中的此布局，尚未找到明確及分明的根據，不能肯定。但是，從明代南京佛寺中，鐘樓單獨配置就明顯看出。

從《金陵梵剎志》所記載的明代南京佛寺中，不少佛寺都有此布局形式。〔註91〕（圖 3.22）

首先，明南京的 3 座大寺都有單獨配置的鐘樓。比如，靈谷寺鐘樓位於金剛殿與天王殿之間西側；天界寺鐘樓位於全寺中心院落的西側；報恩寺鐘樓位於正殿基東側。

再次，明南京的 5 座次大寺中，兩座佛寺中看到此形式。比如，弘覺寺鐘樓位於全寺中心院落的東側；棲霞寺鐘樓位於全寺中心院落的東側。

然後，明南京的規模較小的中、小寺中，清涼寺、佛國寺、梅岡永寧寺、方山定林寺、吉祥寺、安急寺、祁澤寺、清果寺、梵惠院等，都有此布局形式。這些佛寺，一般在天王殿前東側單獨設置一座鐘樓。

通過上述的分析可知，按照佛寺的等級，鐘樓的位置有區別：大寺和次大寺的鐘樓，主要位於中心院落之外東側或西側；但中、小寺的鐘樓，主要位於山門（金剛殿）與天王殿之間的東側。

〔註91〕 主要參見於《金陵梵剎志》（〔明〕葛寅亮撰、何孝榮點校，南京：南京出版社，2011）和《明代南京佛寺基址規模與建築布局研究》（史韶華，清華大學碩士學位論文，2007）。

圖 3.22　明南京佛寺中的鐘樓單獨布局

a. 靈谷寺（大寺）

b. 天界寺（大寺）

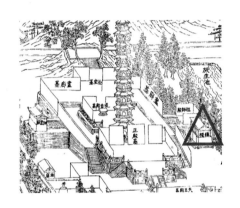

c. 報恩寺（大寺）

d. 弘覺寺（次大寺）

e. 棲霞寺（次大寺）

f. 清涼寺（中寺）

3.3.14 鐘樓與鼓樓

此布局是鐘樓與鼓樓對置的形式。關於「鐘樓與鼓樓」布局，在第4、5、6章中，詳細分析。爲了避免重複論述，本節的內容代替於第4、5、6章的敍述。佛寺鐘鼓樓的形成與確立，參考於第 4 章；佛寺鐘鼓樓實物分析，參考於第5章；佛寺鐘鼓樓的建築形制與布局特徵，可以參考於第6章。

3.4 小 結

本節主要對於由「鐘樓與經藏」布局向「鐘樓與鼓樓」布局的發展及變化進行梳理，其演變過程簡述如下。（圖3.23）

圖3.23 佛寺內對稱樓閣布局演變

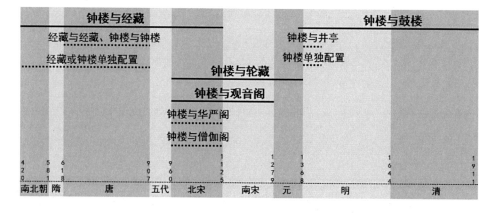

早期佛寺中曾有「鐘樓與經藏」布局。雖然此布局從唐代及唐代以後的文獻及圖像資料中看到，但是通過韓日佛寺遺址分析推測，南北朝時期應該存在。因此，此布局形式從南北朝延續到北宋時期。隨著長期存在的「鐘樓與經藏」布局的流行及發展，佛寺內還出現了與此布局類似的多種布局方法，即「經藏與經藏」、「鐘樓與鐘樓」、「經藏單獨配置」、「鐘樓單獨配置」等。

到了宋代時期，隨著輪藏建築的廣泛流行，「鐘樓與經藏」布局自然轉變到「鐘樓與輪藏」布局，然後續到元代。因此，「鐘樓與輪藏」布局爲宋元禪寺中最常見的布局形式之一。除此之外，宋元禪寺中還看到，「鐘樓與觀音閣」、「鐘樓與華嚴閣」、「鐘樓與僧伽閣」、「慈氏閣與輪藏」等的布局形式。

到了明初至中葉，明南京佛寺中並存「觀音閣（殿）與輪藏」、「鐘樓單

獨設置」、「鐘樓與鼓樓」等的布局形式。此時期，應該爲佛寺鐘鼓樓制度定型之前的過渡時期。然後，明朝遷都北京以後，「鐘樓與鼓樓」對稱布局終於確立〔註92〕，成爲明清佛寺中最典型代表的樓閣建築對稱布局。

　　從此圖 3.23 來看，在佛寺對稱樓閣中，存在時間較長的爲，「鐘樓與經藏」、「鐘樓與輪藏」、「鐘樓與觀音閣」、「鐘樓與鼓樓」。這些都是正好與「鐘樓」有關的布局形式。「鐘樓與經藏」對稱布局主要見於唐宋時期，「鐘樓與輪藏」和「鐘樓與觀音閣」主要見於宋元時期，「鐘樓與鼓樓」主要見於明清時期。因此，佛寺鐘鼓樓制度，從「鐘樓與經藏」、「鐘樓與輪藏」和「鐘樓與觀音閣」演變出來的布局形式。

〔註92〕見於本研究第 4 章佛寺鐘鼓樓的形成及確立。

第 4 章　佛寺鐘鼓樓的形成及確立

4.1　佛寺內鐘與鼓的使用

　　如前所述，中國先秦時期，鐘與鼓已經被廣泛應用於宗廟祭祀、宮室宴享、古代戰爭等的各種不同的場合。直到兩漢之際，隨著佛教的傳入和佛寺的興建，在佛寺中也開始使用鐘和鼓等的一些法器。中國佛寺中所用的鐘和鼓，應該受到中國先秦古樂器的影響，但在佛教傳入和文化傳播方面上看，它們應該也受到古印度佛寺中所用的一種法器，即犍稚。

　　犍稚（梵文 Ghanta），爲古印度佛寺中曾經使用的一種木製法器。丁福保在《佛學大辭典》中解釋爲：

> 犍稚又作犍槌，犍地，犍遲，犍椎。譯曰鐘，磬，打木，聲鳴等。可打而作聲之物之通稱。大小無別。〔註1〕

　　犍稚在佛經中可以看到，如據《增壹阿含經》卷二十四《善聚品》記載：

> 是時。世尊七月十五日於露野地敷座。比丘僧前後圍遶。佛告阿難曰。汝今於露地速擊犍椎。所以然者。今七月十五日是受歲之日。〔註2〕

　　這裡的受歲，就是佛教節日之一，每年七月十五日，和尚於夏季安居修學，學畢，增一法臘，故稱。〔註3〕由此可知，在此犍稚的主要功能則是召

〔註1〕丁福保，佛學大辭典，上海：上海書店，1991：2415。
〔註2〕〔東晉〕瞿曇僧伽提婆譯，增壹阿含經，卷二十四，善聚品（見於大藏經在線閱讀 http://sutra.goodweb.cn）。
〔註3〕參考於漢典網（www.zdic.net）「受歲」條。

集大眾。

佛教傳入中國以後，在中國佛寺中自然需要與犍稚相似的法器，終於出現鐘、鼓等的法器。據《敕修百丈清規》卷八《法器章第九》記載：

> 梵語犍稚，凡瓦木銅鐵之有聲者，若鐘、磬、鐃、鼓、椎板、螺唄，叢林至今仿其制而用之，於以警昏怠，肅教令，導幽滯而和神人也。〔註4〕

由此可知，在中國佛寺中所用的鐘、磬、鐃、鼓、椎板、螺唄等的法器，都為「仿犍稚之制而用」的，主要功能為「警昏怠，肅教令，導幽滯而和神人」。

在上述的《敕修百丈清規‧法器章第九》中所記載的鐘、板、木魚、椎、磬、鐃鈸、鼓的 7 種法器中，鐘和鼓最為突出，可以再分為大鐘、僧堂鐘、殿鐘；法鼓、茶鼓、齋鼓、普請鼓、更鼓、浴鼓。其詳細記載如下：

> 大鐘，叢林號令資始也。曉擊，則破長夜，警睡眠。暮擊，則覺昏衢，疏冥昧。引杵宜緩，揚聲欲長。凡三通，各三十六下，總一百八下，起止三下稍緊。鳴鐘行者想念偈云：願此鐘聲超法界，鐵圍幽暗悉皆聞，聞塵清淨證圓通，一切眾生成正覺。仍稱觀世音菩薩名號，隨號扣擊，其利甚大。遇聖節、看經、上殿、下殿、三八念誦、佛誕、成道、涅槃、建散楞嚴會、諷經、齋粥、過堂、入定時，各一十八下。如接送官員、住持、尊宿不以數限，庫司主之。

> 僧堂鐘，凡集眾，則擊之。遇住持每赴眾入堂時，鳴七下。齋粥下堂時、放參時、旦望巡堂、吃茶下床時，各三下（住持或不赴堂，或在假則不鳴）。堂前念誦時，念佛一聲，輕鳴一下，末疊一下。堂司主之。

> 殿鐘，住持朝暮行香時，鳴七下。凡集眾上殿，必與僧堂鐘相應接擊之。知殿主之。

> 法鼓，凡住持上堂、小參、普說、入室，並擊之。擊鼓之法，上堂時三通（先輕敲鼓磉二下，然後重手徐徐擊之。使其緊慢相參，輕重相應，音聲和暢，起復連環，隱隱轟轟，若春雷之震蟄。第一

〔註4〕〔元〕德輝編、李繼武點校，敕修百丈清規，鄭州：中州古籍出版社，2011：209。

通延聲長擊，少歇轉第二通，連聲稍促，更不歇聲，就轉第三通，一向纏聲擊之。俟住持登座畢，方歇聲，雙椎連打三下）。小參一通，普說五下，入室三下，皆當緩擊。

茶鼓，長擊一通，侍司主之

齋鼓，三通，如上堂時，但節會稍促而已。

普請鼓，長擊一通

更鼓，早晚平擊三通，餘隨更次擊，庫司主之。

浴鼓，四通，次第候眾擊（其詳見《知浴章》），知浴主之。

〔註5〕

　　這裡的鐘和鼓，是在宋元禪寺中常用的法器之一。從鐘鼓的名稱來可以看出，當時鐘和鼓設置於僧堂、佛殿等的建築物內，主要作為報時、集眾、說法等的信號。

　　綜上所述，佛寺鐘和鼓的功能，主要為報時、召集大眾、遵守戒律、發出號令等。除此之外，在《天工開物》中的「梵宮仙殿必用以明攝謁者之誠，幽起鬼神之敬。」〔註6〕記載可知，佛寺內鐘，還有打動參拜者的誠心，激起對鬼神的敬意的功能。

4.2　佛寺鐘鼓樓制度的始建及確立時期

　　在前節，我們已經看到鐘和鼓在佛寺中的使用。那麼，此鐘和鼓何時開始設置於鐘樓與鼓樓？佛寺鐘鼓樓對設布局從什麼時候開始形成？這是本書的重點之一，因此在本節對此問題詳細討論。

　　目前，很多學者對於佛寺鐘鼓樓制度形成時期各有不同的看法。大多數學者認為，佛寺鐘鼓樓制度始建於大致明代。但有些學者認為佛寺鐘鼓樓始建於金元時期，甚至有的看作宋代以後開始。（對於佛寺鐘鼓樓制度始建及確立時期的不同看法可以參見表 1.1）

　　那麼，佛寺鐘鼓樓制度到底什麼時候開始形成？為了尋找此答案，我們

〔註5〕〔元〕德輝編、李繼武點校，敕修百丈清規，鄭州：中州古籍出版社，2011：210～215。

〔註6〕〔明〕宋應星著、潘吉星譯注，天工開物譯注，上海：上海古籍出版社，2008：160～161。

從蕭默說的「宋代以後」開始進行驗證。

4.2.1 始建時期分析

4.2.1.1 宋　代

蕭默說，「直到宋代以後，才有佛寺鐘、鼓樓對設的制度」〔註7〕，即佛寺鐘鼓樓制度始建於宋代。

他的論述根據有兩個：第一是宋代城市宵禁和街鼓制度的廢止。宋代之前，在佛寺中不允許設置鼓或鼓樓，到了宋代，隨著宵禁和街鼓制度的廢止，鼓聲就逐漸不再具有嚴重的警戒意義，終於在宋代以後的佛寺中得到使用〔註8〕；第二是有關宋代佛寺中所用的鐘和鼓的幾篇文獻記載，如據李彌遜的《獨宿昭亭山寺》，「山寒六月飛雙雪，樓殿深夜鐘鼓歇」，據程淵的《蕭山覺苑寺雪後杜門》，「詩書廢放道眼淨，鐘鼓杳隔禪房深」等。〔註9〕

他據此推測，宋代佛寺中已經使用鐘和鼓，所以可能在佛寺內設有與此相應的鐘樓與鼓樓。其實，鐘樓應該可能存在，因為佛寺鐘樓從唐代以後（甚至南北朝以後）曾經存在。但就鼓樓而言，雖然宋代佛寺中使用鼓，但宋代佛寺中設立鼓樓的依據目前尚未確定。

這點從繪製於南宋晚期的淳祐八年（1248 年）〔註10〕的《五山十剎圖》中可以確認。此圖中有天童寺、靈隱寺、萬年寺，這些佛寺平面布局中，雖然有鐘樓，但確實沒有鼓樓。（圖 3.14 和圖 3.15）由此可知，南宋佛寺中尚未出現佛寺鐘鼓樓對設布局。

郭黛姮在她的文章中也引用上述的蕭默的文章，但他確實有與蕭默不同的看法，即「從以上幾例看，放置鼓的殿或樓仍未進入寺院建築的中軸群組中。」〔註11〕

終上所述，佛寺鐘鼓樓對設制度，在宋代可能尚未出現。

〔註7〕蕭默，敦煌建築研究，北京：機械工業出版社，2002：36。
〔註8〕蕭默，敦煌建築研究，北京：機械工業出版社，2002：79。
〔註9〕李彌遜的《獨宿昭亭山寺》和程淵的《蕭山覺苑寺雪後杜門》的詩句，從《敦煌建築研究》（蕭默，北京：機械工業出版社，2002：79）中再引用。
〔註10〕張十慶，五山十剎圖與南宋江南禪寺，南京：東南大學出版社，2000：6。
〔註11〕郭黛姮，十世紀至十三世紀的中國佛教建築，建築史論文集，第 4 輯，北京：清華大學出版社，2001：87。

4.2.1.2　金　代

柴澤俊說,「中國隋唐時期,山門內中線上只設鐘樓而不設鼓樓者是其固制。時至金元時期,始興鐘鼓二樓對峙的局面。」〔註12〕,即佛寺鐘鼓樓對設制度始建於金代。

他的論述根據是,金天會十五年（1137 年）刻製的山西汾陰后土祠廟貌碑中的平面圖。他據此推測,此祠廟的延禧門與坤柔之門之間兩側對設的建築,看作鐘樓與鼓樓。(圖 4.1)

圖 4.1　汾陰后土祠廟中的鐘樓（東）與其對面樓閣（西）

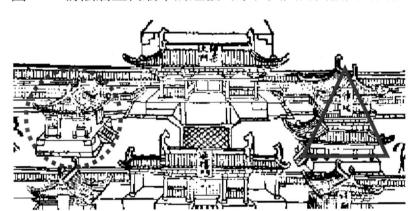

但筆者仔細觀察此平面圖時發現,東側樓閣圖上明明寫了「鐘樓」兩個字,但西側樓閣,沒有寫其建築名,而且與鐘樓相比建築形制顯然不同。王世仁也提出此問題,「（鐘樓）對面一方亭,不知其爲何用途。」〔註13〕由此可知,鐘樓對面的建築應該不是鼓樓,所以,此格局也應該不是鐘樓與鼓樓對設布局。

終上所述,佛寺鐘鼓樓對設制度,在金代也可能尚未出現。

4.2.1.3　元　代

那麼,佛寺鐘鼓樓制度從元代是否開始?這是鄭毅和潘谷西提出的看法。

一般來講,元代漢地佛寺,基本上沿用了南宋以來所興起的江南禪寺。但可惜的是,目前由於元代佛寺資料的限制,難以確定對元代佛寺具體布局

〔註12〕柴澤俊,普救寺原狀考,柴澤俊古建築修繕文集,北京:文物出版社,2009:165。
〔註13〕王世仁,記后土祠廟貌碑,考古,1963（5）:276。

情況。所以，在此對有關元代佛寺的少數相關資料來進行分析。

首先，看文獻記載中的元代佛寺。大龍翔集慶寺爲元代晚期南京首刹，在《龍翔集慶寺碑》中有詳細的記載。

> 上自金陵入正大統，改元天曆，以金陵爲集慶路，遣使傳旨御史臺大夫阿思蘭、海牙等，以潛宮之舊，作大龍翔集慶寺云。明年，召中天竺住持大訢於杭州，授太中大夫，主寺事，設官隸之。畫宮爲圖，授工部尚書王弘，往董其役。……材旣具，期以又明年正月朔日壬午之吉，乃建立焉。其大殿曰大覺之殿，後殿曰五方調御之殿，居僧以致其道者曰禪宗海會之堂，居師以尊其道者曰傳法正宗之堂，師弟子之所警發辯證者曰雷音之堂，法寶之儲曰龍藏，治食之處曰香積，鼓鐘之宣，金谷之委，各有其所。繚以垣廡，辟之三門。〔註14〕

這裡的大龍翔集慶寺，本來爲元文宗的「潛宮」，應該是在宅邸的基礎下修建的。天曆三年（1330年）建成的此佛寺，其建築較多，如大覺之殿、五方調御之殿、禪宗海會之堂、傳法正宗之堂、雷音之堂、龍藏、香積等。但從「鼓鐘之宣，金谷之委，各有其所。」之句來看，雖然佛寺內使用鐘和鼓，但不是設置鐘樓與鼓樓，而是存放上述的建築內或其他場所。此「鐘鼓」兩字從上述的宋代文獻中也看到，應該指稱鐘和鼓。而且大龍翔集慶寺是明南京三大佛寺之一的天界寺的前身，天界寺確實沒有設置鐘樓與鼓樓，這可以作爲上述推測的旁證。

再次，看保持元代面貌較多的洪洞廣勝下寺。目前，廣勝下寺主要建築有山門、前殿（又稱彌陀殿）、後大殿（又稱三佛殿）和西垛殿，還有鐘鼓樓及其他配殿等。（圖4.2）雖然中軸線上三座建築爲元代格局，但是位於前殿東西兩側的鐘鼓樓是，清乾隆二年（1737年）重修前殿的時候才增建的。〔註15〕因此，廣勝下寺後大殿所建的元至大二年（1309年）左右，此佛寺中尚未形成鐘鼓樓對設布局。

〔註14〕〔元〕虞集，龍翔集慶寺碑。見於〔明〕葛寅亮撰、何孝榮點校，金陵梵刹志，南京：南京出版社，2011：323、324。

〔註15〕政協洪洞縣文史資料研究委員會編，洪洞文史資料，第9輯，洪洞廣勝寺，1996：13。

圖 4.2　洪洞廣勝下寺中的鐘鼓樓

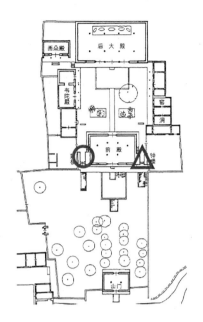

　　最後，我們可以參考韓國高麗時期（相當於中國的宋元時期）的佛寺布局。高麗佛教受到宋元禪宗的深遠影響，所以高麗佛寺也應該受到宋元禪寺布局的影響。據《牧隱文稿》卷十四《廣通普濟禪寺碑銘》記載：

　　　　考其工程，經始於壬子（1372 年）之春，訖功於丁巳（1377
　　年）之冬。彌勒殿、觀音殿，海藏之堂，天星之位，內外禪思之室，
　　執事有次，居僧有僚，膳堂、賓位、庫廩、庖湢之所，鐘鼓之樓，
　　凡爲屋一百有奇。〔註16〕

　　由此可知，由 1372 年至 1377 年之間，普濟禪寺內建有彌勒殿、觀音殿、海藏之堂、禪思之室、僧僚、膳堂、賓位、庫廩、庖湢、鐘鼓樓等。雖然，此時期屬於明洪武年間（1368～1398 年），但是佛寺內所立的建築，如膳堂、賓位、庫廩、庖湢等，都爲宋元禪寺布局中所常見的布局要素。而且從佛教文化及佛寺營造技術傳播的角度來看，普濟禪寺應該受到元代禪寺的影響。這樣的話，在元末禪寺中，應該有鐘鼓樓對設布局。雖然這只是從間接根據中得出的推測，但其可能性還是很大。

　　因此，筆者推測，佛寺鐘鼓樓對設制度，始建於元末時期。

〔註16〕〔高麗〕李穡，牧隱文稿，卷十四，廣通普濟禪寺碑銘。見於韓國儒經編纂
　　　中心網站（http://ygc.skku.edu）。

4.2.2 確立時期分析

4.2.2.1 明南京時期

那麼，元末開始出現的佛寺鐘鼓樓對設布局，什麼時候確立定型？

明初時期，在洪武、永樂年間，以南京為中心展開了大量的佛寺興建活動。這應該對明初佛寺布局有了很大的影響。那麼，此時期是否佛寺鐘鼓樓制度的確立時期？明南京的佛寺建設情況，從《金陵梵剎志》的記載及佛寺圖中可以看到。

在《金陵梵剎志》所記載的明代南京佛寺一共有176所。它們分為4個等級，大寺3所、次大寺5所、中寺38所、小寺130所。〔註17〕在等級最高的大寺3所中，沒有看到鐘鼓樓對設布局；在次大寺5所中，只有雞鳴寺才採取鐘鼓樓對設布局（圖4.3）；在中寺38所中，9所佛寺採取鐘鼓樓對設布局；在小寺130所中，沒有看到鐘鼓樓布局。總的來說，明代南京佛寺中，採取鐘鼓樓對設布局的佛寺共有 10 所，即雞鳴寺、永慶寺、鷲峰寺、金陵寺、弘濟寺、高座寺、永興寺、普德寺、外永寧寺、花岩。〔註18〕這些佛寺的始建時期，遍於明代前、中期，即洪武至正德年間。（表4.2）

圖 4.3　雞鳴寺中的鐘鼓樓對置

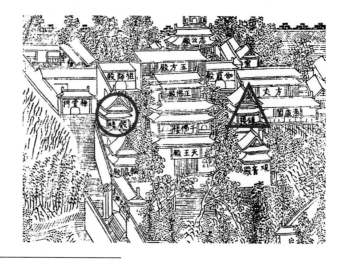

〔註17〕何孝榮說，「《金陵梵剎志》凡例稱共收錄、介紹大寺3所、次大寺5所、中寺32所、小寺120所，計160所。但是，根據統計，該書實際上收錄、介紹了大寺3所、次大寺5所、中寺38所、小寺130所，計176所。」見於何孝榮，明代南京寺院研究，北京：中國社會科學出版社，2000：142。

〔註18〕何孝榮，明代南京寺院研究，北京：中國社會科學出版社，2000：162。

表 4.2　明南京佛寺中採取鐘鼓樓布局的 10 座佛寺

編號	寺　名	等　級	始　建　時　期
1	雞鳴寺	次大寺	洪武年間（1368～1398 年）
2	高座寺	中寺	
3	永慶寺	中寺	
4	弘濟寺	中寺	正統年間（1436～1449 年）
5	金陵寺	中寺	
6	普德寺	中寺	
7	鷲峰寺	中寺	天順年間（1457～1464 年）
8	永興寺	中寺	成化年間（1465～1487 年）
9	花岩寺	中寺	
10	外永寧寺	中寺	正德年間（1506～1521 年）

　　這些 10 座佛寺，從明代南京佛寺中只佔了 5.7%，其比率非常少。但不算等級最低、規模最少的 130 座小寺的話，其比率增長到 21.7%，即 5 座佛寺中 1 座佛寺設置了鐘鼓樓。由此可知，明南京佛寺中鐘鼓樓對設制度，雖然一些佛寺已經使用，但尚未廣泛普及，只是一種佛寺布局形式之一。

　　綜上所述，佛寺鐘鼓樓對設制度，尚未確立於明代南京時期。

4.2.2.2　明北京時期

　　永樂十九年（1421 年）遷都北京以後，隨著北京城的大規模興建活動，在北京城內外，大量修建佛寺。這是從《欽定日下舊聞考》記載中也看到：

> 都城自遼金以後，至於元，靡歲不建佛寺，明則大璫無人不建佛寺。梵宮之盛倍於建章萬戶千門。成化中，京城內外勒賜寺觀已至六百三十九所。[註19]

> 自正統至天順，京城內外建寺二百餘區。[註20]

　　由此可知，明北京城的佛寺數量日益增加，到了成化年間，北京城內外勒賜寺觀已經達到 639 所。這是寺和觀的總計，所以假如其中一半爲佛寺，北京勒賜佛寺數量達到了 300 多所。而且，在文獻中特別強調「自正統至天

〔註19〕欽定四庫全書，史部，地理類，都會郡縣之屬，欽定日下舊聞考，卷六十，城市，外城西城二，文淵閣四庫全書電子版。

〔註20〕欽定四庫全書，史部，地理類，都會郡縣之屬，欽定日下舊聞考，卷四十五，城市，內城東城一，文淵閣四庫全書電子版。

順（1436～1464 年）」，因為在此 30 餘年的時間中，修建了 200 餘所的佛寺。
這說明，在此期間應該為佛寺修建最為突出的時期。

從明代北京佛寺鐘鼓樓建立年代分析中，此趨勢確實明顯看到。但由於
文獻及資料的限制，筆者只是列出明代北京所建的佛寺中鐘鼓樓建立年代明
確的佛寺例子。

1. 法源寺鐘鼓樓。法源寺始建唐貞觀十九年，明正統三年重修後，賜
名為崇福寺。據《明正統重建崇福禪寺碑》記載，「建如來寶殿，前天王殿，
後觀音閣，及法堂、方丈。山門伽藍，祖師堂東西二廡，鐘鼓二樓，香積之
廚，禪之所，次第完繕。……經始於正統二年夏四月八日，落成於正統三年
二月。」〔註 21〕如此，法源寺鐘鼓樓建於正統二年（1437 年）至正統三年
（1438 年）之間。

2. 法海寺鐘鼓樓。據正統八年（1443 年）所立的王直《法海禪寺記》記
載，「先作正殿，藥師殿、天王殿次之，翼以鐘鼓二樓。伽藍祖師二堂又次之，
方丈、僧房、廊廡、廚庫，諸屋次第皆成。環以修垣，高厚式稱，前啓三門，
開廣途以通來者。經始於正統四年閏二月二十二日，而以正統八年十月十五
日訖工。」〔註 22〕如此，法海寺鐘鼓樓建於正統四年（1439 年）至正統八年
（1443 年）之間。

3. 智化寺鐘鼓樓建於正統九年（1444 年）。〔註 23〕

4. 戒臺寺鐘鼓樓建於正統十二年（1447 年）。〔註 24〕

5. 法華寺鐘鼓樓建於天順五年（1461 年）。〔註 25〕

6. 廣濟寺鐘鼓樓建於成化二年（1466 年）。〔註 26〕

由此可知，這些佛寺鐘鼓樓的建立年代都集中於正統至成化年間之間。

那麼，此時期是否佛寺鐘鼓樓集中建設時期？為了回答此問題，我們可

〔註 21〕〔清〕王樹枬、黃維翰，法源寺志稿，卷二，明正統重建崇福禪寺碑，見於
程恭讓，明代太監與佛教關係考述（下），首都師範大學學報（社會科學版），
2002（04）：8。

〔註 22〕王直《法海禪寺記》碑位於法海寺山門與天王殿之間，筆者調研於 2012 年 10
月，以及參考於張淑霞主編，北京法海寺，北京：北京市石景山區文物管理
所，2001：48、49。

〔註 23〕智化寺鐘鼓樓壁面上有此簡介，筆者調研於 2011 年 8 月。

〔註 24〕戒臺寺鐘鼓樓前邊有此簡介，筆者調研於 2011 年 10 月。

〔註 25〕法華寺鐘鑄造於明天順五年（1461 年），由此推測鐘鼓樓的建立年代。

〔註 26〕李路珂等編著，北京古建築地圖（上），北京：清華大學出版社，2009：404。

以參考何孝榮的研究。在《明代北京佛教寺院修建研究》中，他對明代各朝的北京佛寺修建情況進行分析，並做一個統計表。爲了更詳細的分析，筆者在原表數據的基礎上，稍微補充計算和修改，如表 4.3。

通過此表的分析，我們可以發現，明北京佛寺建設過程中的重要趨勢與特徵。

1. 明遷都北京以後，北京形勢比較穩定的洪熙至萬曆年間，是北京佛寺的主要修建時期，每年平均修建至少 2、3 所以上。〔註27〕

2. 明北京佛寺修建，集中開展於明代中期，即正統至正德年間（1436～1521 年）。此時期每年平均 3.9 所佛寺進行修建。其中，正統、天順、正德年間爲佛寺修建最爲集中的時期，正統年間每年平均修建 5.7 所佛寺，天順和正德年間每年各修建 4.9 所和 5.2 所佛寺。這是與上述文獻中的大量佛寺修建的「自正統至天順」時期大體相符的分析結果。

3. 在明北京所修建的 713 所佛寺中，「新建」的佛寺爲 314 所，占 44%。〔註28〕這是與「重建」比率 24% 和「重修」比率 32% 相比，最爲突出的。而且，佛寺新建活動大多數在明代中期和後期進行。

表 4.3　明代各朝北京佛寺修建統計表（單位：所）

時　　期〔註29〕		新建	重建	重修	合計	年均
前期	洪武年間 1368～1398（31）	0	0	1	1	0.03
	建文年間 1399～1402（4）	0	0	0	0	0
	永樂年間 1403～1424（22）	9	5	4	18	0.8
	洪熙年間 1425（1）	0	3	2	5	5
	宣德年間 1426～1435（10）	8	21	6	35	3.5
	小計（68）	17	29	13	59	0.9
中期	正統年間 1436～1449（14）	25	39	16	80	5.7
	景泰年間 1450～1456（7）	12	4	7	23	3.3
	天順年間 1457～1464（8）	18	14	7	39	4.9
	成化年間 1465～1487（23）	28	25	19	72	3.1

〔註27〕何孝榮，明代北京佛教寺院修建研究，天津：南開大學出版社，2007：680。
〔註28〕何孝榮，明代北京佛教寺院修建研究，天津：南開大學出版社，2007：680。
〔註29〕明代各年號的期間參考於李崇智，中國歷代年號考（修訂本），北京：中華書局，2006：205～208。

	弘治年間 1488～1505（18）	22	4	13	39	2.2
	正德年間 1506～1521（16）	45	17	21	83	5.2
	小計（86）	150	103	83	336	3.9
後期	嘉靖年間 1522～1566（45）	70	15	59	144	3.2
	隆慶年間 1567～1572（6）	7	3	9	19	3.2
	萬曆年間 1573～1620（48）	63	20	49	132	2.8
	泰昌年間 1620（1）	0	0	0	0	0
	天啓年間 1621～1627（7）	3	0	2	5	0.7
	崇禎年間 1628～1644（17）	4	1	13	18	1
	小計（123）	147	39	132	318	2.6
合計		314	171	228	713	2.6

（筆者改表，原表來源：何孝榮，明代北京佛教寺院修建研究，天津：南開大學出版社，2007：679、680）

那麼，這些特徵意味著什麼？明北京佛寺集中修建時期與佛寺鐘鼓樓制度確立時期之間是否有關係？筆者推測，此兩者之間應該存在密切相關關係，即明北京佛寺集中修建的明代中期，則是佛寺鐘鼓樓制度的確立時期。此推測理由如下：

1. 明代中期，短時間內進行的佛寺大量修建活動，是在徹底完備明確的佛寺規劃基本模式的情況下，才可以實現完成的。明朝從南京佛寺興建過程中，已經積累豐富經驗及營造技術，在北京大量修建佛寺之前，佛寺基本制度已經確立。筆者推測，其佛寺基本制度之一，應該是鐘鼓樓對設制度。

2. 雖然其案例不多，但由上述的北京佛寺鐘鼓樓建立年代考察可知，其建立年代主要集中於明代中期。而且鐘鼓樓對置的 10 座南京佛寺中，7 座佛寺的鐘鼓樓都建於明代中期（表 4.2），這應該也是筆者推測的一個旁證。

3. 在佛寺建設的自然地形條件上看，與山地較多的南京相比，在以平地為主的北京，既是容易大量修建佛寺，也是容易一律適用已經完備的佛寺基本布局制度。因此，佛寺鐘鼓樓制度，應該是以明代北京為中心展開的。

因此，筆者推測，佛寺鐘鼓樓對設制度，從時間上看，確立於明代中期；從地點上看，以北京佛寺為中心開始定型及確立。

4.3　小　結

　　佛寺內所使用的鐘與鼓，應該受到中國先秦古樂器的影響，但在佛教傳入和文化傳播方面上看，它們應該也受到古印度佛寺中所用的一種法器，即犍稚。

　　雖然佛寺內早就使用鐘與鼓，但佛寺中所形成的鐘鼓樓對稱格局，可能從元末明初才開始形成。雖然目前元代佛寺的鐘鼓樓布局難以考證，但是從韓國高麗末佛寺的鐘鼓樓布局來推測，在元末佛寺中應該存在鐘鼓樓對設布局。因此，佛寺鐘鼓樓對設制度的始建時期，應該推定於元代末期。

　　然後，從明初南京佛寺布局來看，鐘鼓樓對設格局還沒廣泛普及和定型。但是，從北京佛寺修建情況的分析來推測，北京佛寺大量修建的明代中期，應該為佛寺鐘鼓樓制度的確立時期。因此，佛寺鐘鼓樓對設制度的確立時期，應該推定於明代中期。

第 5 章　佛寺鐘鼓樓實物現狀

　　本章主要對於現存佛寺鐘鼓樓實物建築進行考察。明清佛寺鐘鼓樓建築，數量龐大，分佈範圍廣闊。因此，筆者從國家重點文物保護單位佛寺名單中，選定考察對象。選定標準為：一、本書研究範圍的佛寺，即以漢地佛寺為主〔註1〕；二、為了數量控制，限於第一批至第五批的國家重點文物保護單位佛寺〔註2〕；三、為了便於收集資料與實地考察調研，在符合上述標準的佛寺中，排除了廣東（4座）、甘肅（1座）、雲南（1座）、四川（5座）地區的 11 座佛寺〔註3〕。

　　與上述標準符合的佛寺，一共為 70 座。（表 5.1）其中，現在設置鐘樓或鐘樓與鼓樓的佛寺，一共為 34 座。這些佛寺，按照審批時期來分類，第一批佛寺共為 7 座；第二批佛寺共為 3 座；第三批佛寺共為 6 座；第四批佛寺共為 5 座；第五批佛寺共為 14 座。按照所在地區來分類，山西佛寺為最多，共為 19 座；其次為北京佛寺，共 8 座；然後，河北、河南、浙江佛寺，各為 2 座；山東、遼寧佛寺各為 1 座。（表 5.2）

〔註 1〕雖然本研究以漢地佛寺為主進行考察，但沒有再區分漢地佛寺各宗派。

〔註 2〕第一批公佈於 1961 年 3 月 4 日；第二批公佈於 1982 年 2 月 23 日；第三批公佈於 1988 年 1 月 13 日；第四批公佈於 1996 年 11 月 20 日；第五批公佈於 2001 年 6 月 25 日。

〔註 3〕這些佛寺共 11 座，如廣東地區有光孝寺（第一批）、南華寺（第五批）、元山寺（第五批）、潮州開元寺（第五批）；甘肅地區有興國寺（第四批）；雲南地區有筇竹寺（第五批）；四川地區有平武報恩寺（第四批）、寶光寺（第五批）、覺苑寺（第五批）、閬中永安寺（第五批）、觀音寺（第五批）。

表 5.1 全國重點文物保護單位第一批至第五批漢地佛寺（廣東、甘肅、雲南、四川除外）

審批時期	佛寺名稱	創建時期	位　置	鐘鼓樓有無	本文編號
第一批	佛光寺	唐至清	山西省五臺縣	無	-
第一批	獨樂寺	遼	河北省薊縣	無	-
第一批	奉國寺	遼	遼寧省義縣	有	I-1
第一批	善化寺	遼、金	山西省大同市	有	I-2
第一批	隆興寺	宋	河北省正定縣	無	-
第一批	保國寺	北宋	浙江省寧波市	有	I-3
第一批	華嚴寺	遼、金、清	山西省大同市	有	I-4
第一批	白馬寺	金至清	河南省洛陽市	有	I-5
第一批	廣勝寺	元、明	山西省洪洞縣	有	I-6
第一批	智化寺	明	北京市東城區	有	I-7
第二批	玉泉寺*	宋	湖北省當陽縣	無	-
第二批	泉州開元寺	宋至清	福建省泉州市	無	-
第二批	靈巖寺	唐至清	山東省長清縣	有	II-1
第二批	岩山寺	金	山西省繁峙縣	有	II-2
第二批	顯通寺	明至清	山西省五臺縣	有	II-3
第三批	正定開元寺**	唐至清	河北省正定縣	有	III-1
第三批	法興寺	唐	山西省長子縣	無	-
第三批	風穴寺***	唐至清	河南省臨汝縣	有	III-2
第三批	青蓮寺	唐至清	山西省晉城市	有	III-3
第三批	鎮國寺	五代至清	山西省平遙縣	有	III-4
第三批	大雲院	五代至清	山西省平順縣	無	-
第三批	崇福寺	金	山西省朔縣	有	III-5
第三批	法海寺	明	北京市石景山區	無	-
第三批	雙林寺	明	山西省平遙縣	有	III-6
第四批	龍門寺	五代－清	山西省平順縣	有	IV-1
第四批	戒臺寺	遼－清	北京市門頭溝區	有	IV-2
第四批	閣院寺	遼	河北省淶源縣	無	-
第四批	開善寺	遼	河北省高碑店市	無	-
第四批	崇慶寺	宋	山西省長子縣	無	-
第四批	北吉祥寺****	宋－清	山西省陵川縣	無	-

第四批	南吉祥寺*****	宋－清	山西省陵川縣	有	IV-3
第四批	龍興寺	宋－清	湖南省沅陵縣	無	-
第四批	延福寺	元	浙江省武義縣	無	-
第四批	毗盧寺	明	河北省石家莊市	有	IV-4
第四批	覺生寺	清	北京市海淀區	有	IV-5
第五批	潭柘寺	清	北京市門頭溝區	有	V-1
第五批	法源寺	清	北京市宣武區	有	V-2
第五批	碧雲寺	明、清	北京市海淀區	有	V-3
第五批	大慧寺	明	北京市海淀區	無	-
第五批	十方普覺寺	清	北京市海淀區	有	V-4
第五批	昭化寺	明	河北省懷安縣	無	-
第五批	釋迦寺	元、明	河北省蔚縣	無	-
第五批	正覺寺	金至明	山西省長治縣	無	-
第五批	龍岩寺	金、明	山西省陵川縣	無	-
第五批	淳化寺	金	山西省平順縣	無	-
第五批	慈相寺	北宋至清	山西省平遙縣	有	V-5
第五批	大悲院	宋、金	山西省曲沃縣	無	-
第五批	沁縣大雲院	宋至清	山西省沁縣	無	-
第五批	資壽寺	明	山西省靈石縣	有	V-6
第五批	清涼寺	元	山西省芮城縣	無	-
第五批	洪福寺	金	山西省定襄縣	無	-
第五批	洪濟院	金至清	山西省武鄉縣	無	-
第五批	武鄉縣大雲寺	宋至清	山西省武鄉縣	無	-
第五批	香嚴寺	金至明	山西省柳林縣	有	V-7
第五批	渾源永安寺	元	山西省渾源縣	有	V-8
第五批	太陰寺	金	山西省絳縣	無	-
第五批	安國寺	明	山西省離石市	有	V-9
第五批	崇明寺	北宋至明	山西省高平市	無	-
第五批	開化寺	北宋至清	山西省高平市	有	V-10
第五批	遊仙寺	北宋至清	山西省高平市	無	-
第五批	定林寺	元至清	山西省高平市	有	V-11
第五批	福勝寺	元、明	山西省新絳縣	有	V-12
第五批	青龍寺	元	山西省稷山縣	無	-
第五批	原起寺	宋	山西省潞城市	無	-
第五批	廣濟寺******	遼至清	遼寧省錦州市	無	-

第五批	國清寺	清	浙江省天台縣	有	V-13
第五批	大明寺	元至清	河南省濟源市	無	-
第五批	慈勝寺	元	河南省溫縣	無	-
第五批	會善寺	元至清	河南省登封市	無	-
第五批	韓城普照寺	元	陝西省韓城市	無	-

（*：第二批「玉泉寺」原來指定名稱爲「玉泉寺及鐵塔」；**：第三批「正定開元寺」原來指定名稱爲「開元寺鐘樓」；***：第三批「風穴寺」原來指定名稱爲第三批「風穴寺及塔林」；****：第四批「北吉祥寺」原來指定名稱爲「南、北吉祥寺」；*****：第四批「南吉祥寺」原來指定名稱爲「南、北吉祥寺」；******：第五批「廣濟寺」原來指定名稱爲「廣濟寺古建築群」）

表 5.2　本研究對象的 34 座佛寺

編號	本文編號	佛寺名稱	創建時期	地　　區
1	I-2	善化寺	遼、金	
2	I-4	華嚴寺	遼、金、清	
3	I-6	廣勝寺	元、明	
4	II-2	岩山寺	金	
5	II-3	顯通寺	明至清	
6	III-3	青蓮寺	唐至清	
7	III-4	鎮國寺	五代至清	
8	III-5	崇福寺	金	
9	III-6	雙林寺	明	
10	IV-1	龍門寺	五代－清	山西地區（19座）
11	IV-3	南吉祥寺	宋－清	
12	V-5	慈相寺	北宋至清	
13	V-6	資壽寺	明	
14	V-7	香嚴寺	金至明	
15	V-8	渾源永安寺	元	
16	V-9	安國寺	明	
17	V-10	開化寺	北宋至清	
18	V-11	定林寺	元至清	
19	V-12	福勝寺	元、明	
20	I-7	智化寺	明	
21	IV-2	戒臺寺	遼－清	北京地區（7座）
22	IV-5	覺生寺	清	

23	V-1	潭柘寺	清	
24	V-2	法源寺	清	
25	V-3	碧雲寺	明、清	
26	V-4	十方普覺寺	清	
27	III-1	正定開元寺	唐至清	河北地區（2座）
28	IV-4	毗盧寺	明	
29	I-5	白馬寺	金至清	河南地區（2座）
30	III-2	風穴寺	唐至清	
31	I-3	保國寺	北宋	浙江地區（2座）
32	V-13	國清寺	清	
33	II-1	靈巖寺	唐至清	山東地區（1座）
34	I-1	奉國寺	遼	遼寧地區（1座）

5.1　山西地區

5.1.1　善化寺（I-2）

善化寺有鐘亭與鼓亭，位於大雄寶殿月臺上兩側，東爲鐘亭，西爲鼓亭，於明萬曆時增建。〔註4〕建築形制爲攢尖頂一層亭子式，平面爲6角形。除了入口以外，5個面都用磚砌的矮牆圍繞。（圖5.1）

圖5.1　善化寺鐘鼓亭

a. 善化寺鐘鼓樓布局　　　b. 善化寺鼓亭（左）、鐘亭（右）

〔註4〕張柏主編，全國重點文物保護單位：第一批至第五批，第一卷，北京：文物出版社，2004：314。

5.1.2　華嚴寺（Ⅰ-4）

華嚴寺共有 3 組鐘鼓樓。

1. 鐘鼓樓位於山門和普光明殿之間兩側，東為鐘樓，西為鼓樓，2008 年至 2010 年上、下華嚴寺大規模維修時新建。建築形制為重簷十字歇山頂二層樓閣式。下層砌磚，正面開拱門；上層明間設隔扇門，次間設隔扇窗，四面設木欄杆。鐘鼓樓兩層平面都為 3 間 x 3 間。（Ⅰ-4-①〔註5〕，圖 5.2.b）

2. 鐘鼓亭位於上華嚴寺大雄寶殿月臺上兩側，東為鐘亭，西為鼓亭，明代增建。〔註6〕建築形制為攢尖頂一層亭子式，平面為 6 角形。除了入口以外，5 個面都用磚砌的矮牆圍繞。（Ⅰ-4-②，圖 5.2.c）

3. 鐘鼓亭位於下華嚴寺薄伽教藏殿月臺上兩側，東為鐘亭，西為鼓亭。這裡的鼓亭，以前是碑亭。在 2008 年至 2010 年上、下華嚴寺大規模維修時改到鼓亭。建築形制為攢尖頂一層亭子式，平面為 6 角形。除了入口以外，5 個面都用磚砌的矮牆圍繞。（Ⅰ-4-③，圖 5.2.d）

圖 5.2　華嚴寺鐘鼓樓

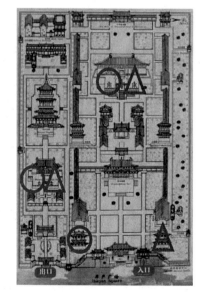

a. 華嚴寺鐘鼓樓布局

〔註5〕華嚴寺（Ⅰ-4）內有 3 組鐘鼓樓，用①、②、③來區別。以下都如此。
〔註6〕張柏主編，全國重點文物保護單位：第一批至第五批，第一卷，北京：文物出版社，2004：317。

b. 山門和普光明殿之間的鼓樓（左）、鐘樓（右）

c. 大雄寶殿前的鼓亭（左）、鐘亭（右）

d. 薄伽教藏殿前的鼓亭（左）、鐘亭（右）

5.1.3　廣勝寺（Ⅰ-6）

　　廣勝寺由上寺、下寺、水神廟三組建築群組成，現在鐘鼓樓位於廣勝下寺前殿（彌陀殿）兩側，東為鐘樓，西為鼓樓，清乾隆二年（1737 年）重修

前殿的時候才增建的。﹝註7﹞建築形制爲十字歇山頂二層樓閣式。上下兩層都
磚砌，下層開南北方向的拱門，作爲廣勝下寺兩側門。上層只一面壁（鐘樓
西壁，鼓樓東壁）開門洞，其他三面都開窗洞，只南面設磚砌欄杆。上下層
平面都爲1間x1間，鐘鼓樓下層通面闊4.62m，通進深5.27m；上層通面闊
3.5m，通進深3.6m。（圖5.3）

圖5.3 廣勝下寺鐘鼓樓

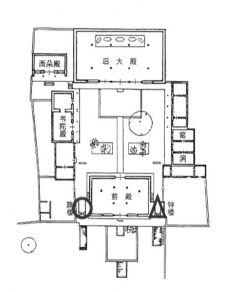

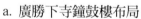

a. 廣勝下寺鐘鼓樓布局　　　　　　　b. 廣勝下寺鼓樓

5.1.4　岩山寺（II-2）

岩山寺僅存鐘樓。鐘樓位於全寺東側，伽藍殿的後邊（東邊），建於清道
光、同治、光緒年間。﹝註8﹞現在與寺院圍牆相連，作爲寺院側門。建築形制
爲歇山頂二層樓閣式。下層砌磚，開東西方向的拱門；上層只有木構架，沒
有牆及門窗，四面通透，四面設木欄杆。上下層平面都爲1間x1間。鐘樓下
層通面闊3.75m，通進深3.75m。（圖5.4）

﹝註7﹞政協洪洞縣文史資料研究委員會編，洪洞文史資料，第9輯，洪洞廣勝寺，
　　　1996：13。
﹝註8﹞山西省古建築保護研究所、柴澤俊、張丑良，繁峙岩山寺，北京：文物出版
　　　社，1990：4。

圖 5.4　岩山寺鐘樓

a. 岩山寺鐘樓布局　　　　　　　　b. 岩山寺鐘樓

5.1.5　顯通寺（II-3）

　　顯通寺鐘、鼓樓，其形制和規模不同，布局也不對稱。鐘樓位於顯通寺牌坊與山門之間的路上，山門的東側。鐘樓內鐘鑄造於明正統五年（1440 年）。〔註 9〕鼓樓位於山門的南側。鐘樓建築形制為三簷十字歇山頂二層樓閣式。上下兩層為 3 間 x 3 間。下層中間磚牆，東西兩面開拱門，作為寺院側門，四周迴廊 ；上層中間四面設隔扇門，四周迴廊，四面設木欄杆。鼓樓建築形制為重簷歇山頂二層樓閣式。下層砌磚，正面開拱門；上層為木製障日板壁，四面開窗。一層平面為 3 間 x 3 間，二層平面為 1 間 x 1 間。（圖 5.5）

圖 5.5　顯通寺鐘鼓樓

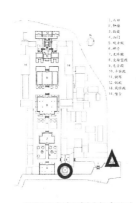

a. 顯通寺鐘鼓樓布局　　　b. 顯通寺鼓樓（左）、鐘樓（右）

〔註 9〕魏國祚編，顯通寺，北京：中國旅遊出版社，1985：8。

5.1.6 青蓮寺（Ⅲ-3）

青蓮寺有上寺、下寺兩組建築群組成，鐘鼓樓位於青蓮寺上寺。在上寺內，除東西對稱的鐘鼓樓以外，在全寺東側另外設置大鐘樓。

1. 大鐘樓位於中軸線東側東路上，文昌閣南側。金大定三年（1163年）鑄造寺鐘一尊，大定七年（1167年）創建鐘樓。〔註10〕後來鐘樓重修於清乾隆三十八年（1773年）和1988年。〔註11〕鐘樓建於磚砌的高臺上，其形制為重簷歇山頂一層樓閣式。平面為3間x3間，砌磚，正面開門，兩側開圓窗。（Ⅲ-3-①，圖5.6b）

2. 鐘鼓樓位於天王殿兩側，東為鐘樓，西為鼓樓，與天王殿連接。鐘鼓樓建於清乾隆四十二年（1777年）〔註12〕，現在鐘樓重建於1980年，鼓樓重建於1986年。〔註13〕建築形制為單簷歇山頂三層磚樓式。一層北面開一門兩窗；二層北面開三窗；三層南、北面都開三窗。鐘鼓樓南牆各與東、西挾閣連接。（Ⅲ-3-②，圖5.6c）

圖5.6 青蓮寺鐘鼓樓

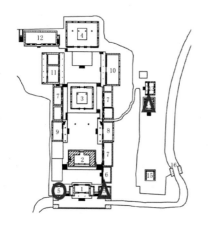

a. 青蓮寺上寺鐘鼓樓布局   b. 青蓮寺上寺大鐘樓

〔註10〕李會智、高天，山西晉城青蓮寺史考，文物世界，2003（01）：29。

〔註11〕「迄於今地遠年久神殿鐘樓傾危倒置觀者罔不為之悼歎……外建鐘樓一所興工於癸巳夏五月告成於九月秋季」，山西省古建築保護研究所、晉城市旅遊文物局，山西省晉城市青蓮寺文物保護規劃，2011：4（參考於山西省文物局官方網站（http://www.sxcr.gov.cn））。

〔註12〕李會智、高天，山西晉城青蓮寺史考，文物世界，2003（01）：32。

〔註13〕山西省古建築保護研究所、晉城市旅遊文物局，山西省晉城市青蓮寺文物保護規劃，2011：3（參考於山西省文物局官方網站（http://www.sxcr.gov.cn））。

c. 青蓮寺上寺鐘鼓樓

5.1.7 鎮國寺（Ⅲ-4）

鎮國寺鐘鼓樓位於天王殿兩側，東爲鐘樓，西爲鼓樓，與全寺前院牆和兩側門連接，1983 年重修。〔註 14〕建築形制爲懸山頂一層樓閣式。下部磚砌，側面（鐘樓西壁，鼓樓東壁）開門；上部只有木構架，沒有門窗，四面通透，西面設磚砌欄杆。平面爲 1 間 x 1 間。（圖 5.7）

圖 5.7 鎮國寺鐘鼓樓

a. 鎮國寺鐘鼓樓布局

b. 鎮國寺鼓樓（左）、鐘樓（右）

〔註 14〕互動百科「鎮國寺」條（http://www.baike.com/wiki）。

5.1.8 崇福寺（Ⅲ-5）

崇福寺鐘鼓樓位於金剛殿和天佛閣之間兩側，東爲鐘樓，西爲鼓樓。創建於明洪武十六年（1383 年）至二十年（1387 年）。〔註15〕建築形制爲歇山頂二層樓閣式。下層砌磚，正面設板門兩扇；上層爲木製障日板壁，四面開門，四面設木欄杆。兩層平面都爲 1 間 x 1 間，一層的通面闊 4.1m，通進深4.1m。（圖 5.8）

圖 5.8　崇福寺鐘鼓樓

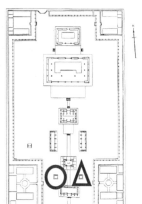

a. 崇福寺鐘鼓樓布局　　　　　b. 崇福寺鼓樓（左）、鐘樓（右）

5.1.9 雙林寺（Ⅲ-6）

雙林寺鐘鼓樓位於天王殿和大雄寶殿之間的釋迦殿兩側，東爲鐘樓，西爲鼓樓。建築形制爲歇山頂二層樓閣式。下層砌磚，正面開拱門；上層只有木構架，沒有牆及門窗，四面通透，四面設磚砌欄杆。上下層平面都爲 1 間 x 1 間。（圖 5.9）

〔註15〕山西省古建築保護研究所、柴澤俊，朔州崇福寺，北京：文物出版社，1996：
　　　　14。

圖 5.9　雙林寺鐘鼓樓

a. 雙林寺鐘鼓樓布局　　　　b. 雙林寺鼓樓（左）、鐘樓（右）

5.1.10　龍門寺（IV-1）

　　龍門寺鐘鼓樓位於大雄寶殿兩側，東爲鐘樓，西爲鼓樓。鐘樓內的鐘鑄造於明正德三年（1508 年），鐘樓建於清光緒八年（1882 年）〔註 16〕，鼓樓建於 2000 年後按照鐘樓形制復原。建築形制爲卷棚頂一層樓閣式。東、西、北三面砌磚，兩側開八角形窗。平面爲 1 間 x 1 間，鐘樓的通面闊 3.655m，通進深 3.43m。鼓樓的通面闊 3.672m，通進深 3.54m。（圖 5.10）

圖 5.10　龍門寺鐘鼓樓

a. 龍門寺鐘鼓樓布局　　　　b. 龍門寺鼓樓（左）、鐘樓（右）

〔註 16〕據清光緒八年（1882 年）《重修水陸殿聖僧堂碑記》記載，「新修鐘樓一座，以及門外照壁、獅臺均係創建。」（參考於宋文強，平順龍門寺歷史沿革考，文物世界，2010（03）：57）。

5.1.11　南吉祥寺（Ⅳ-3）

南吉祥寺鐘鼓樓位於山門兩側，東爲鐘樓，西爲鼓樓，與山門兩側門連接，建於清雍正九年（1731 年）。〔註17〕建築形制爲單簷懸山頂二層磚樓式。鐘鼓樓面闊 5.5m，進深 5.2m。（圖 5.11）

圖 5.11　南吉祥寺鐘鼓樓

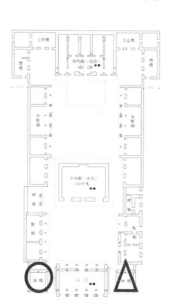

　　a. 南吉祥寺鐘鼓樓布局　　　　　　　　b. 南吉祥寺鐘鼓樓

5.1.12　慈相寺（Ⅴ-5）

慈相寺鐘鼓樓位於前殿兩側，東爲鐘樓，西爲鼓樓，與前殿和前面院牆連接，創建於清嘉慶十五年（1810 年）。〔註18〕建築形制爲懸山頂二層樓閣式。下層砌磚，南北兩面開拱門；上層設有東西磚牆，南北沒有牆及門窗，南面設磚砌欄杆。上下層平面都爲 1 間 x 1 間。（圖 5.12）

〔註17〕南吉祥寺前殿二層東側壁畫中有題記，「雍正九年三月暮春，積寺田之租，□地畝之粟，重修觀音五大士樓□間，鐘鼓六間，前殿俱興增其舊制……」。清華大學建築學院劉暢教授提供。

〔註18〕清乾隆四十八年（1783 年）《重修慈相寺碑記》記載。參考於孫榮芬，山西平遙慈相寺的建築特徵，文物春秋，2004（05）：29。

圖 5.12　慈相寺鐘鼓樓

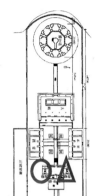

a. 慈相寺鐘鼓樓布局　　　　　　　　　b. 慈相寺鐘鼓樓

5.1.13　資壽寺（V-6）

　　資壽寺鐘鼓樓位於天王殿兩側，東爲鐘樓，西爲鼓樓，與天王殿兩側的院牆連接。建築形制爲十字歇山頂二層樓閣式。下層砌磚，南北兩面開拱窗，側面（鐘樓西壁，鼓樓東壁）開門；上層只有木構架，沒有牆及門窗，四面通透，四面設磚砌欄杆。上下層平面都爲 1 間 x 1 間。（圖 5.13）

圖 5.13　資壽寺鐘鼓樓

a. 資壽寺鼓樓　　　　　　　　　　b. 資壽寺鐘樓

5.1.14　香嚴寺（V-7）

香嚴寺鐘鼓樓位於天王殿兩側，東為鐘樓，西為鼓樓。建築形制為重簷十字歇山頂二層樓閣式。上下兩層都只有木構架，沒有牆及門窗，四面通透。上層四面設木欄杆及 12 個擎簷柱。鐘鼓樓一層平面為 3 間 x 3 間，二層平面為 1 間 x 1 間。（圖 5.14）

圖 5.14　香嚴寺鐘鼓樓

a. 香嚴寺鐘鼓樓布局　　　　b. 香嚴寺鐘樓北面（上）、鐘鼓樓（下）

5.1.15　渾源永安寺（V-8）

渾源永安寺鐘鼓樓位於天王殿和傳法正宗殿（大雄寶殿）之間兩側，東為鐘樓，西為鼓樓。建築形制為重簷歇山頂二層樓閣式。下層中間磚牆，正面開拱門，四周迴廊；上層只有木構架，沒有牆及門窗，四面通透，四面設木欄杆。鐘鼓樓下層平面為 3 間 x 3 間，上層平面為 1 間 x 1 間。（圖 5.15）

圖 5.15　永安寺鐘鼓樓

a. 永安寺鼓樓　　　　　　　　　　　b. 永安寺鐘樓

5.1.16　安國寺（Ｖ-9）

　　安國寺鐘鼓樓位於銅塔樓兩側，東為鐘樓，西為鼓樓，與銅塔樓兩側的院牆連接。建築形制為歇山頂二層樓閣式。下層砌磚，東西方向開門，作為走向東邊院落的側門；上層只有木構架，沒有牆及門窗，四面通透，四面設磚砌欄杆。（圖 5.16）

圖 5.16　安國寺鐘鼓樓

a. 安國寺銅塔樓兩側的鐘鼓樓　　　　　　b. 安國寺鐘樓

5.1.17 開化寺（V-10）

開化寺鐘鼓樓位於大悲閣兩側，東為鐘樓，西為鼓樓，與大悲閣兩側的院牆連接。2004 年原址復原。〔註19〕建築形制為十字歇山頂二層樓閣式。下層砌磚，北面開拱門；上層只有木構架，沒有牆及門窗，四面通透，四面設磚砌欄杆。上下層平面都為 1 間 x 1 間。（圖 5.17）

圖 5.17 開化寺鐘鼓樓

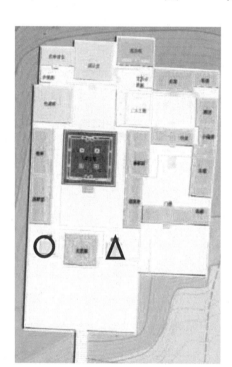

b. 開化寺鐘鼓樓

a. 開化寺鐘鼓樓布局　　　　c. 開化寺鼓樓（左）、鐘樓（右）

5.1.18 定林寺（V-11）

定林寺鐘鼓樓位於山門（觀音閣）兩側，東為鐘樓，西為鼓樓，與山門兩側門連接。建築形制為單簷懸山頂三層磚樓式。鐘鼓樓一層北面開門；二、三層南面開二窗，鼓樓三層北面開窗。鐘樓面闊 5.8m，進深 4.5m；鼓樓面

〔註19〕河北省古代建築保護研究所，高平開化寺文物保護規劃，2009：2（參考於山西省文物局官方網站（http://www.sxcr.gov.cn））。

闊 5.4m，進深 4.5m。（圖 5.18）

5.1.19　福勝寺（V-12）

福勝寺鐘鼓樓位於天王殿兩側，東爲鐘樓，西爲鼓樓。建築形制爲歇山頂二層樓閣式。上下兩層都磚砌。下層側面（鐘樓西壁，鼓樓東壁）開拱門，上層四面開窗，四面設磚砌欄杆。上下層平面都爲 1 間 x 1 間。（圖 5.19）

圖 5.18　定林寺鐘鼓樓

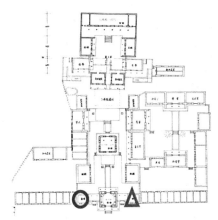

a. 定林寺鐘鼓樓布局　　　　　　　b. 定林寺鐘鼓樓

圖 5.19　福勝寺鐘鼓樓

a. 福勝寺院牆後的鼓樓　　　　　　b. 福勝寺鐘樓

5.2 北京地區

5.2.1 智化寺（I-7）

　　智化寺鐘鼓樓位於山門和智化門（天王殿）之間兩側，東爲鐘樓，西爲鼓樓。鐘鑄造於明正統九年（1444 年）[註20]，鐘鼓樓也建於此時期，1987年修復。[註21] 建築形制爲重簷歇山頂二層樓閣式。下層砌磚，正面開拱門；上層爲木製障日板壁，四面開窗。鐘鼓樓下層平面爲 3 間 x 3 間，上層平面爲 1 間 x 1 間。鐘樓下層通面闊 6.7m，通進深 6.7m；鼓樓下層通面闊 6.75m，通進深 6.7m。（圖 5.20）

圖 5.20　智化寺鐘鼓樓

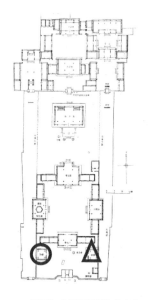

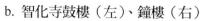

a. 智化寺鐘鼓樓布局　　　　b. 智化寺鼓樓（左）、鐘樓（右）

5.2.2 戒臺寺（IV-2）

　　戒臺寺鐘鼓樓位於山門和天王殿之間兩側，東爲鐘樓，西爲鼓樓。鐘鑄

〔註20〕參考於智化寺鐘樓壁面上的簡介。
〔註21〕北京文博交流館編，古刹智化寺，北京：北京燕山出版社，2005：21。

造於明正統年間，鐘鼓樓創建於明正統十二年（1447 年）。〔註22〕建築形制為重簷歇山頂二層樓閣式。下層砌磚，正面開拱門；上層為木製障日板壁，四面開窗。鐘鼓樓下層平面為 3 間 x 3 間，上層平面為 1 間 x 1 間。鐘樓的通面闊 5.82m，通進深 5.83m（磚牆部分的面闊 4.58m，進深 4.56m）；鼓樓的通面闊 5.82m，通進深 5.86m（磚牆部分的面闊 4.54m，進深 4.58m）。（圖5.21）

圖 5.21　戒臺寺鐘鼓樓

a. 戒臺寺鐘鼓樓布局　　　　　b. 戒臺寺鼓樓（左）、鐘樓（右）

5.2.3　覺生寺（Ⅳ-5）

在覺生寺內，東西對稱的鐘鼓樓以外，還有大鐘樓。

1. 大鐘樓位於全寺中軸線上的最後，大鐘鑄造於明永樂年間（1403～1424 年），大鐘樓始建於清雍正十一年（1733 年）。〔註23〕建於青石臺基上，其形制為重簷攢尖頂二層樓閣式。下層為方形，平面 3 間 x 3 間，在南、北面明間設隔扇門，次間設隔扇窗，在東、西面砌磚；上層為圓形，設 12 個隔扇窗一周。上圓下方的形狀，象徵「天圓地方」思想。殿內有著名的永樂大鐘。（Ⅳ-5-①，圖 5.22.b）

2. 鐘鼓樓位於山門和天王殿之間兩側，東為鐘樓，西為鼓樓。建築形制為重簷歇山頂二層樓閣式。下層砌磚，前後開拱門，兩側面開窗；上層為木

〔註22〕妙有主編，戒臺寺旅游手冊，環球國際出版集團有限公司，2008：28、29。
〔註23〕參考於覺生寺（又稱大鐘寺）內簡介。

製障日板壁,四面開窗。鐘鼓樓下層平面為 3 間 x 3 間,上層平面為 1 間 x 1 間。鐘樓下層通面闊 5.85m,通進深 5.85m;鼓樓下層通面闊 5.85m,通進深 5.86m。(IV-5-②,圖 5.22.c)

圖 5.22　覺生寺鐘鼓樓

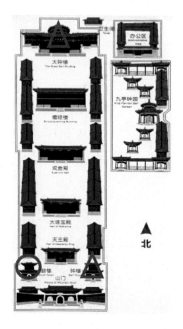

a. 覺生寺鐘鼓樓布局　　　　　　　b. 覺生寺大鐘樓

c. 覺生寺鼓樓(左)、鐘樓(右)

5.2.4　潭柘寺（V-1）

　　潭柘寺鐘鼓樓位於天王殿兩側，東為鐘樓，西為鼓樓，與天王殿兩側的院牆連接。鐘鑄造於清康熙三十六年（1697 年）。〔註 24〕建築形制為重簷歇山頂二層樓閣式。下層砌磚，正面開拱門；上層為木製障日板壁，四面開窗。鐘鼓樓下層平面為 3 間 x 3 間，上層平面為 1 間 x 1 間。鐘樓通面闊 5.62m，通進深 5.64m；鼓樓通面闊 5.58m，通進深 5.6m。（圖 5.23）

圖 5.23　潭柘寺鐘鼓樓

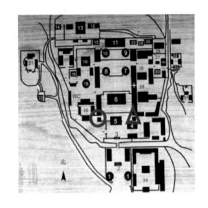

a. 潭柘寺鐘鼓樓布局　　　　b. 潭柘寺鼓樓（左）、鐘樓（右）

5.2.5　法源寺（V-2）

　　法源寺鐘鼓樓位於山門和天王殿之間兩側，東為鐘樓，西為鼓樓。創建於正統二年（1437 年）至正統三年（1438 年）之間。〔註 25〕建築形制為重簷歇山頂二層樓閣式。下層砌磚，正面開拱門，兩側面開圓窗；上層為木製障日板壁，四面開窗。鐘鼓樓下層平面為 3 間 x 3 間，上層平面為 1 間 x 1 間。鐘樓通面闊 6.7m，通進深 6.68m；鼓樓通面闊 6.69m，通進深 6.68m。（圖 5.24）

〔註 24〕大鐘寺古鐘博物館內「明清精品」展室。
〔註 25〕據清王樹柟、黃維翰，《明正統重建崇福禪寺碑》記載，「建如來寶殿，前天王殿，後觀音閣，及法堂、方丈。山門伽藍，祖師堂東西二廡，鐘鼓二樓，香積之廚，禪之所，次第完繕。……經始於正統二年夏四月八日，落成於正統三年二月。」（參考於程恭讓，明代太監與佛教關係考述（下），首都師範大學學報（社會科學版），2002（04）：8）。

圖 5.24　法源寺鐘鼓樓

a. 法源寺鐘鼓樓布局　　　　　　b. 法源寺鼓樓（左）、鐘樓（右）

5.2.6　碧雲寺（V-3）

碧雲寺鐘鼓樓位於山門和彌勒殿之間兩側，東爲鐘樓，西爲鼓樓，鐘鼓樓與院牆側面壁連接。建築爲歇山頂重層樓閣式雙層簷。下層砌磚，正面開拱門，後面開窗；上層爲木製障日板壁，四面開窗。鐘鼓樓下層平面爲 3 間 x 3 間，上層平面爲 1 間 x 1 間。鐘樓通面闊 6.46m，通進深 6.47m；鼓樓通面闊 6.48m，通進深 6.49m。（圖 5.25）

圖 5.25　碧雲寺鐘鼓樓

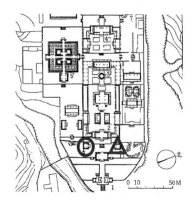

a. 碧雲寺鐘鼓樓布局　　　　　　b. 碧雲寺鼓樓（左）、鐘樓（右）

5.2.7　十方普覺寺（Ⅴ-4）

　　十方普覺寺鐘鼓樓位於琉璃牌坊和山門之間兩側，東為鐘樓，西為鼓樓。建築形制為重簷歇山頂二層樓閣式。下層砌磚，正面開拱門，兩側面開窗；上層為木製障日板壁，四面開窗。鐘鼓樓下層平面為 3 間 x 3 間，上層平面為 1 間 x 1 間。鐘樓通面闊 5.61m，通進深 5.62m；鼓樓通面闊 5.63m，通進深 5.6m。（圖 5.26）

圖 5.26　十方普覺寺鐘鼓樓

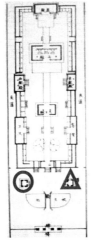

a. 十方普覺寺鐘鼓樓布局　　　b. 十方普覺寺鼓樓（左）、鐘樓（右）

5.3　河北地區

5.3.1　正定開元寺（Ⅲ-1）

　　正定開元寺只有鐘樓，鐘樓位於天王殿和法船正殿遺址之間東側。與鐘樓相對稱的不是鼓樓，而是磚塔。鐘樓創建於晚唐，復原性修繕於 1989 年至 1990 年。〔註26〕柱網布置及下簷斗栱仍為唐代遺物，上層經清代重修，上簷斗栱及大木、瓦頂為 1989 年依唐風復原修繕。建築形式為重簷歇山頂二層樓

〔註26〕矗連順、林秀珍、袁毓傑，正定開元寺鐘樓落架和復原性修復（上），古建園林技術，1994（01）：15。

閣式。下層砌磚，正面開 3 個門；上層明間設隔扇門，次間設隔扇窗，四面設木欄杆。上下層平面都爲 3 間 x 3 間，通面闊 9.76m，通進深 9.76m。（圖5.27）

圖5.27　正定開元寺鐘樓

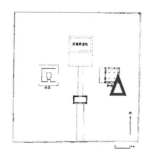

a. 正定開元寺鐘樓布局　　　　　　　　　b. 正定開元寺鐘樓

5.3.2　毗盧寺（IV-4）

毗盧寺鐘鼓樓位於釋迦殿和毗盧殿之間兩側，東爲鐘樓，西爲鼓樓。明弘治八年（1495年），明萬曆四十三年（1615年）重修，1988年重建〔註27〕。建築形制爲懸山頂二層樓閣式。上下層都砌磚，下層正面開拱門，上層四面開窗。兩層平面都爲1間 x 1間。（圖5.28）

圖5.28　毗盧寺鐘鼓樓

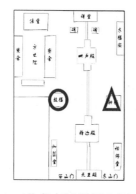

a. 毗盧寺鐘鼓樓布局　　　　　　b. 毗盧寺鼓樓（左）、鐘樓（右）

〔註27〕張柏主編，全國重點文物保護單位：第一批至第五批，第一卷，北京：文物
　　　出版社，2004：221。

5.4　河南地區

5.4.1　白馬寺（Ⅰ-5）

　　白馬寺鐘鼓樓位於山門和天王殿之間兩側，東爲鐘樓，西爲鼓樓，與廂房連接。重修於明嘉靖三十四年（1555 年）〔註28〕，現在實物爲 1991 年所建的〔註29〕。建築形制爲重簷歇山頂二層樓閣式。下層砌磚，正面開拱門；上層爲木製障日板壁，四面開窗。鐘鼓樓一層平面爲 3 間 x 3 間，二層平面爲 1 間 x 1 間。鐘樓和鼓樓下層通面闊和通進深各都爲 7.3m。（圖 5.29）

圖 5.29　白馬寺鐘鼓樓

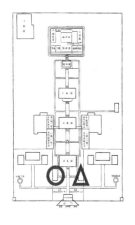

a. 白馬寺鐘鼓樓布局　　　　b. 白馬寺鼓樓（左）、鐘樓（右）

5.4.2　風穴寺（Ⅲ-2）

　　風穴寺只有鐘樓，又稱懸鐘閣。鐘樓位於天王殿和中佛殿之間西側，這是與一般的鐘樓位置不同，主要原因則是其東側近水，地勢狹窄。〔註30〕鐘鑄造於北宋宣和七年（1125 年）〔註31〕，鐘樓也此時開始建立。然後，明萬

〔註28〕據明黃錦《重修古刹白馬禪寺記》記載，「鐘鼓有樓，司昏曉也。」（參考於徐金星，洛陽白馬寺，北京：文物出版社，1985：46）。

〔註29〕洛陽白馬寺佛教文化研究會編，釋源白馬寺，30。

〔註30〕馬曉、周學鷹，汝州風穴寺懸鐘閣研究，全球視野下的中國建築遺產——第四屆中國建築史學國際研討會論文集（《營造》第四輯），2007：174。

〔註31〕王山林，中州名刹風穴寺，文史知識，2010（11）：134。

曆十二年（1584 年）和清乾隆六年（1741 年）有兩次修葺。〔註32〕鐘樓建於
6 米高的石臺上，其形制爲三簷歇山頂一層樓閣式建築。雖然外觀上看爲三層
樓閣，但實際上室內爲一個大空間。四面都設隔扇門窗，也設木欄杆。平面
爲 3 間 x 3 間。（圖 5.30）

圖 5.30　風穴寺鐘樓

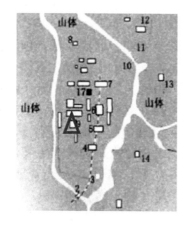

a. 風穴寺鐘樓布局　　　　　　　　　　b. 風穴寺鐘樓

5.5　浙江地區

5.5.1　保國寺（Ⅰ-3）

　　保國寺鐘鼓樓位於天王殿和大殿之間兩側，東爲鐘樓，西爲鼓樓，中心
院落的院壁外兩側，與廂房連接。鐘鑄造於清嘉慶十三年（1808 年）〔註33〕，
鐘鼓樓建於清嘉慶十三年（1808 年）至十五年（1810 年）〔註34〕。建築形制
爲重簷歇山頂二層樓閣式。下層正面的明間設隔扇門，次間設隔扇窗，其他

〔註32〕王山林，中州名刹風穴寺，文史知識，2010（11）：134。

〔註33〕清華大學建築學院、寧波保國寺文物保管所編著，東來第一山——保國寺，
　　　　北京：文物出版社，2003：58。

〔註34〕鐘樓二層脊樑留有清嘉慶重建提款，「大清乾隆年間更建於關聖殿東首嘉慶十
　　　　三年歲次戊辰春月穀旦本山住持方丈敏庵和尚移建於老地」。（參考於清華大
　　　　學建築學院、寧波保國寺文物保管所編著，東來第一山——保國寺，北京：
　　　　文物出版社，2003：52、53）。

都爲磚牆；上層爲木製障日板壁，兩面開窗。鐘樓下層平面爲 3 間 x 3 間，通面闊 8.65m，通進深 8.65m，鐘樓上層平面爲 1 間 x 1 間。鼓樓下層平面的 3 間（面闊）x 2 間（進深），通面闊 8.55m，通進深 4.25m，鼓樓上層平面爲 1 間 x 1 間。（圖 5.31）

圖 5.31　保國寺鐘鼓樓

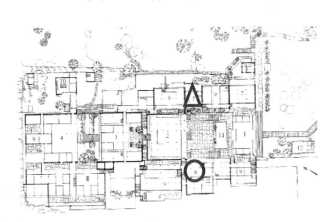

a. 保國寺鐘鼓樓布局

b. 保國寺鼓樓（左）、鐘樓（右）

5.5.2　國清寺（V-13）

國清寺鐘鼓樓位於彌勒殿和雨花殿（天王殿）之間兩側，東爲鐘樓，西爲鼓樓，與廂房連接。建築形制爲重簷歇山頂二層樓閣式。下層砌磚，正面開拱門；上層爲木製障日板壁，四面開窗。鐘鼓樓下層平面爲 3 間 x 3 間，上層平面爲 1 間 x 1 間。鐘鼓樓通面闊與通進深都 6m 左右。（圖 5.32）

圖 5.32　國清寺鐘鼓樓

a. 國清寺鐘鼓樓布局　　　　　b. 國清寺鼓樓（左）、鐘樓（右）

5.6　山東、遼寧地區

5.6.1　靈巖寺（Ⅱ-1）

　　靈巖寺鐘鼓樓位於天王殿和大雄寶殿之間兩側，東為鐘樓，西為鼓樓。鐘樓建於宋政和四年（1114 年）至金皇統元年（1141 年）之間，現存為清代遺物，鼓樓為清代遺物。鐘樓內鐘鑄造於明正德六年（1511 年），鼓樓內鼓為1984 年複製的。〔註35〕建築形制為單簷歇山頂二層樓閣式。下層砌磚，正面開拱門；上層只有木構架，沒有牆及門窗，四面通透，四面設磚砌欄杆。鐘鼓樓上下層平面都為 1 間 x 1 間。（圖 5.33）

圖 5.33　靈巖寺鐘鼓樓

a. 靈巖寺鐘鼓樓布局　　　　b. 靈巖寺鼓樓（左）、鐘樓（右）

〔註35〕王榮玉主編、靈巖寺編輯委員會編，靈巖寺，北京：文物出版社，1999：15、16。

5.6.2　奉國寺（Ⅰ-1）

　　奉國寺只有鐘亭，鐘亭位於大殿月臺上東側，重修於清光緒七年（1881年）。〔註 36〕鐘亭的對面，不是設置鼓亭的，而是設置碑亭。建築形制為攢尖頂一層亭子式，平面為 6 角形。6 角平面的一邊為 1.584m，除了入口以外，5 個面都用磚砌的矮牆圍繞。（圖 5.34）

圖 5.34　奉國寺鐘亭

a. 奉國寺鐘亭布局　　　　　　　b. 奉國寺鐘亭

〔註 36〕據清光緒八年的《重修大佛寺碑》記載，「計字光緒七年春季興工，至八年秋季，將大雄殿八十一間，無梁殿三間，碑亭、鐘樓各一間，牌坊一所，內山門一間，東西便門各一間，以及內外牆垣，無不修理整飭，煥然一新。」（參考於建築文化考察組編，義縣奉國寺，天津：天津大學出版社，2008：196、197）。

第 6 章　佛寺鐘鼓樓建築形制與布局特徵

6.1　建築形制

6.1.1　文獻及圖像資料中的鐘樓形制

在文獻記載及圖像資料中，主要看到的是鐘樓建築。因爲，在元末明初佛寺內出現鐘鼓樓對設布局之前，鐘樓已用於早期佛寺中。所以，本節主要對文獻及圖像資料中的鐘樓建築形制進行分析。

佛寺鐘鼓樓出現之前，早期佛寺中的鐘和鼓如何設置？這可能是本文第2 章中所敍述的曹魏鄴城文昌殿前「鐘廣」的形式。此類似的形式，從敦煌莫高窟第 9 窟南壁《勞度叉斗聖變》中可以找到。此變相圖是晚唐繪製的，表現舍衛國大臣須達，黃金布地，買祇陀園，爲釋迦牟尼佛起精舍的故事。〔註 1〕雖然其背景爲古印度舍衛國祇園精舍，但是晚唐時期工匠畫變相圖時，應該參考當時佛寺中所看到的設施。由此可以推測，晚唐或晚唐以前佛寺中已經存在與此相同的鐘、鼓架。其形制很簡單，在六面體型木架子上懸掛鐘和鼓。（圖 6.1）

〔註 1〕敦煌文物研究所，中國石窟，敦煌莫高窟，第四卷，北京：文物出版社，1987：230。

圖 6.1　敦煌莫高窟晚唐第 9 窟南壁《勞度叉斗聖變》中的鐘、鼓架

a. 鐘架　　　　　　　　　　　　b. 鼓架

唐代敦煌佛寺壁畫中有多種形制的鐘樓建築：

1. 盛唐第 217 窟北壁佛寺鐘樓。此鐘樓爲鐘臺形式，平面爲正方形，下層爲磚砌的高臺，上層爲懸掛梵鐘。屋頂爲四角攢尖頂，頂上有塔刹相輪。（圖 6.2.a）

2. 中唐第 361 窟北壁佛寺鐘樓。此鐘樓爲迴廊上所建的鐘閣形式，用飛橋與山門連接。平面爲八角形，下層架立木柱，上層懸掛梵鐘。屋頂爲八角攢尖頂，頂上有蓮花、寶珠。（圖 6.2.b）

3. 中唐第 361 窟南壁佛寺鐘樓。此鐘樓爲西側院牆上所建的鐘閣形式。平面爲八角形，下層架立木柱，重層供奉佛像，上層懸掛梵鐘。屋頂爲攢尖頂，頂上有傘蓋、蓮花、火焰寶珠等。（圖 6.2.c）

4. 晚唐第 12 窟南壁佛寺鐘樓。此鐘樓爲北側迴廊上所建的鐘閣形式。平面爲八角形，下層架立木柱，上層懸掛梵鐘。屋頂爲攢尖頂，頂上有蓮花、寶珠。（圖 6.2.d）

5. 晚唐第 85 窟北壁佛寺鐘樓。平面爲八角形，下層供奉佛像，上層懸掛梵鐘。屋頂爲八角攢尖頂，頂上有蓮花、寶珠。（圖 6.2.e）

圖 6.2　敦煌莫高窟佛寺壁畫中的鐘樓

a. 盛唐第 217 窟北壁佛寺鐘臺

b. 中唐第 361 窟北壁佛寺鐘樓

c. 中唐第 361 窟南壁佛寺鐘樓

d. 晚唐第 12 窟南壁佛寺鐘樓

e. 晚唐第 85 窟北壁佛寺鐘樓

f. 晚唐第 8 窟西壁佛寺鐘樓

6. 晚唐第 8 窟西壁佛寺鐘樓。此鐘樓爲南側迴廊之後所建的鐘閣形式。平面爲八角形，下層架立木柱，上層懸掛梵鐘。屋頂爲八角攢尖盝頂，是一種新的屋頂形式，五代以後壁畫中出現較多。〔註2〕頂上有蓮花、寶珠。（圖6.2.f）

北宋普照王寺的鐘樓形制，從日本僧人成尋寫的《參天台五臺山記》記載中可以看到：

> （宋熙寧五年（1072年）九月）廿一日……同四點，故徒行參普照王寺。……東有鐘樓，四重閣上階有鐘，下階內有等身釋迦像。……鐘樓、經藏，上二階黃瓦，下二階碧色瓦。〔註3〕

由此可知，普照王寺鐘樓，爲四重閣，由上下兩層組成，上層設置梵鐘，下層供奉釋迦像。上層重簷鋪黃瓦，下層重簷鋪碧色瓦，但其屋頂形式不明確。

其實，此鐘樓形制，與《五山十刹圖》所記載的何山寺鐘樓正好相符。宋代何山寺以有大鐘而聞名，因此何山寺鐘樓是《五山十刹圖》中唯一記載鐘樓建築。何山寺鐘樓，方形平面，面闊三間，重層四重簷樓閣式。上層懸掛梵鐘，下層可能與上述的普照王寺鐘樓一樣供奉佛像。張十慶認爲此鐘樓應是宋以來江南寺院鐘樓的典型形式。〔註4〕（圖6.3）

圖 6.3　何山寺鐘樓

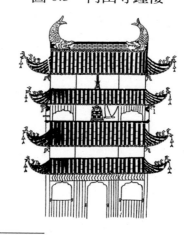

〔註2〕孫儒僩、孫毅華主編，敦煌石窟全集・建築畫卷，香港：商務印書館，2001：204。

〔註3〕〔日〕成尋、王麗萍校點，新校參天台五臺山記，上海：上海古籍出版社，2009：242～246。

〔註4〕張十慶，五山十刹圖與南宋江南禪寺，南京：東南大學出版社，2000：50。

《關中創立戒壇圖經》南宋刻本附圖中也看到鐘樓的形態。（圖 6.4）這裡的鐘樓爲鐘臺形式，與同一形制的經臺對稱設置。從鐘臺圖與經臺圖來推測，鐘臺建築形制，平面爲長方形，面闊三間，進深不詳，重層重簷歇山頂，下層爲磚砌的高臺，上層懸掛梵鐘。雖然，此鐘臺與經臺對置是《關中創立戒壇圖經》所記載的布局形式，但是此圖上的鐘臺形制，與上述的敦煌壁畫佛寺中的鐘樓顯然不同。由此推測，此圖上的鐘臺形制，應該參考繪製當時（南宋紹興二十二年（1152 年））佛寺中的鐘樓形制。

圖 6.4　《關中創立戒壇圖經》南宋刻本附圖中的鐘臺與經臺

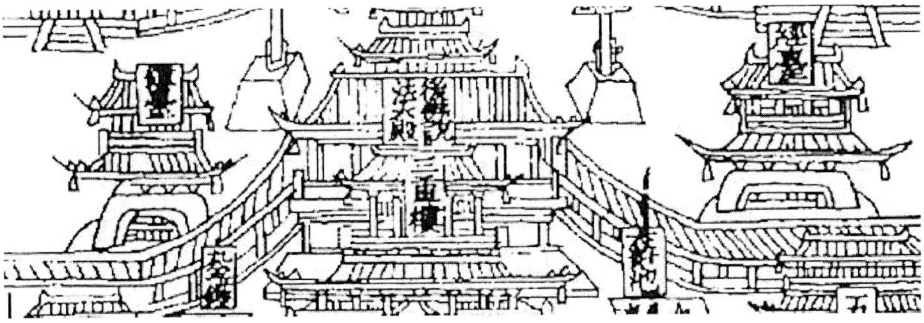

明初南京佛寺的鐘樓形制，從《金陵梵刹志》的佛寺圖中可以看到。在《金陵梵刹志》中有 10 座佛寺圖，其中除了無設鐘樓的能仁寺之外，9 座佛寺都設置鐘樓，其形制如下圖 6.5。從此圖分析可知，這些鐘樓的最普遍形式爲重簷歇山頂二層樓閣式。

明代南方民間建築技術書《魯班經》中有「建鐘樓格式」條：

> 凡起造鐘樓，用風字腳，四柱並用渾成梗木，宜高大相稱，散水不可太低，低則掩鐘聲，不響於四方。更不宜在右畔，合在左邊寺廊之下，或有就樓盤，下作佛堂，上作平基，盤頂結中間樓，盤心透上直見鐘。作六角欄杆，則風送鐘聲，遠出於百里之外，則爲吉也。〔註5〕

這裡的「合在左邊寺廊之下」、「下作佛堂」之句來推測，此鐘樓應該是佛寺鐘樓。從上述記載及歷代版本的鐘樓圖來看，明代南方佛寺鐘樓的標準形制，爲長方形平面，重簷歇山頂，由上下兩層組成，下層作爲佛堂，上層

―――――――――――

〔註 5〕張慶瀾、羅玉平譯注，魯班經，重慶：重慶出版社，2007：135、136。

設置梵鐘。此形式與上邊的《金陵梵刹志》中的鐘樓大體相符。（圖 6.6）

圖 6.5 《金陵梵刹志》佛寺圖中的鐘樓

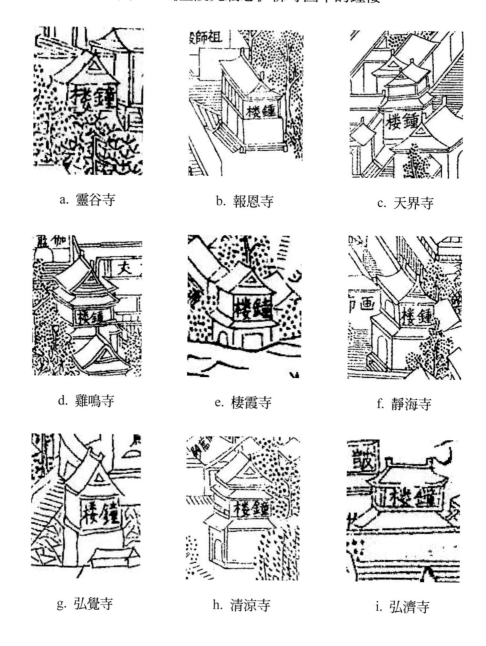

a. 靈谷寺　　　　　b. 報恩寺　　　　　c. 天界寺

d. 雞鳴寺　　　　　e. 棲霞寺　　　　　f. 靜海寺

g. 弘覺寺　　　　　h. 清涼寺　　　　　i. 弘濟寺

圖 6.6　《魯班經》中的鐘樓圖

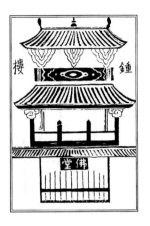 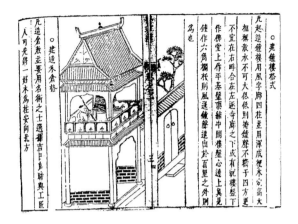

a.《魯般營造正式》中的鐘樓圖　　　b.《新刻京板工師雕鐫正式魯班經匠家鏡》
　　　　　　　　　　　　　　　　中的鐘樓記載及圖

　　綜上所述，在文獻及圖像資料中所見到的佛寺鐘樓形制如下表。（表 6.1）

表 6.1　文獻及圖像資料中的佛寺鐘樓形制

朝代	佛寺	建築類型	平面	屋頂形式	層數	下層供奉佛像	來源
盛唐	第 217 窟北壁佛寺	鐘臺	正方形	單簷攢尖頂	2	否	莫高窟壁畫
中唐	第 361 窟北壁佛寺	鐘閣	八角形	單簷攢尖頂	2	否	莫高窟壁畫
中唐	第 361 窟南壁佛寺	鐘閣	八角形	重簷攢尖頂	3	是	莫高窟壁畫
晚唐	第 12 窟南壁佛寺	鐘閣	八角形	單簷攢尖頂	2	否	莫高窟壁畫
晚唐	第 85 窟北壁佛寺	鐘樓	八角形	重簷攢尖頂	3	是	莫高窟壁畫
晚唐	第 8 窟西壁佛寺	鐘閣	八角形	單簷攢尖盝頂	2	否	莫高窟壁畫
北宋	普照王寺	鐘樓	不詳	四重簷屋頂形式不詳	2	是	《參天台五臺山記》
南宋	何山寺	鐘樓	長方形	四重簷歇山頂	2	不詳	《五山十剎圖》
明代	靈谷寺	鐘樓	方形	重簷歇山頂	2	不詳	《金陵梵剎志》

明代	報恩寺	鐘樓	長方形	單簷歇山頂	2	不詳	《金陵梵剎志》
明代	天界寺	鐘樓	方形	重簷歇山頂	2	不詳	《金陵梵剎志》
明代	雞鳴寺	鐘樓	方形	三重簷歇山頂	2	不詳	《金陵梵剎志》
明代	棲霞寺	鐘樓	方形	重簷歇山頂	2	不詳	《金陵梵剎志》
明代	靜海寺	鐘樓	方形	重簷歇山頂	2	不詳	《金陵梵剎志》
明代	弘覺寺	鐘樓	方形	單簷歇山頂	2	不詳	《金陵梵剎志》
明代	清涼寺	鐘樓	方形	三重簷歇山頂	2	不詳	《金陵梵剎志》
明代	弘濟寺	鐘樓	長方形	重簷歇山頂	2	不詳	《金陵梵剎志》
明代	建鐘樓格式	鐘樓	長方形	三重簷歇山頂	2	是	《魯班經》

6.1.2 實物鐘鼓樓的建築形制

　　明清時期佛寺鐘鼓樓實例很多，所以在此對第 5 章中所述的 34 座佛寺的實物鐘鼓樓進行分析。在 34 座佛寺中，鐘樓共有 38 座，鼓樓共有 32 座。其中 31 組鐘鼓樓是對稱設置的，其建築形制同樣，因此可以算一個建築形制。這樣的話，在 34 座佛寺中，我們可以發現不同形制的 39 個鐘鼓樓建築類型。

　　但是，其中最近新建的華嚴寺鐘鼓樓（Ⅰ-4-①）和建於晚唐時期的正定開元寺鐘樓（Ⅲ-1），都不符合本研究的時間範圍。所以，總而言之，本節對 33 座佛寺 37 個鐘鼓樓建築類型進行分析。（表 6.2）

表 6.2　本節所分析的 37 個鐘鼓樓建築形制類型

編號	本文編號	佛寺名稱	鐘樓	鼓樓	鐘鼓樓
1	Ⅰ-1	奉國寺	✓		
2	Ⅰ-2	善化寺			✓
3	Ⅰ-3	保國寺			✓
4	Ⅰ-4-②	華嚴寺			✓
5	Ⅰ-4-③	華嚴寺			✓
6	Ⅰ-5	白馬寺			✓
7	Ⅰ-6	廣勝寺			✓
8	Ⅰ-7	智化寺			✓
9	Ⅱ-1	靈巖寺			✓

10	II-2	岩山寺	✓		
11	II-3-①	顯通寺	✓		
12	II-3-②	顯通寺		✓	
13	III-2	風穴寺	✓		
14	III-3-①	青蓮寺	✓		
15	III-3-②	青蓮寺			✓
16	III-4	鎮國寺			✓
17	III-5	崇福寺			✓
18	III-6	雙林寺			✓
19	IV-1	龍門寺			✓
20	IV-2	戒臺寺			✓
21	IV-3	南吉祥寺			✓
22	IV-4	毗盧寺			✓
23	IV-5-①	覺生寺	✓		
24	IV-5-②	覺生寺			✓
25	V-1	潭柘寺			✓
26	V-2	法源寺			✓
27	V-3	碧雲寺			✓
28	V-4	十方普覺寺			✓
29	V-5	慈相寺			✓
30	V-6	資壽寺			✓
31	V-7	香嚴寺			✓
32	V-8	渾源永安寺			✓
33	V-9	安國寺			✓
34	V-10	開化寺			✓
35	V-11	定林寺			✓
36	V-12	福勝寺			✓
37	V-13	國清寺			✓

6.1.2.1　建築類型

實物鐘鼓樓可以分為 3 種建築類型：亭子式、磚樓式和樓閣式。（表 6.3）

1）亭子式

亭子式鐘鼓樓，又稱鐘鼓亭，共有 4 個。此形式見於奉國寺（I-1）、

善化寺（Ⅰ-2）、華嚴寺（Ⅰ-4-②、Ⅰ-4-③）的主殿前月臺上兩側。奉國寺只有鐘亭，與鐘亭對稱布置的不是鼓亭，而是碑亭。其他都是鐘亭和鼓亭對置的。此形式平面爲6角形，高1層，屋頂形式爲攢尖頂。除了入口以外，5個面都用磚砌的矮牆圍繞。

2）磚樓式

磚樓式鐘鼓樓共有3個，見於青蓮寺（Ⅲ-3-②）、南吉祥寺（Ⅳ-3）、定林寺（Ⅴ-11）。此形式平面爲長方形，用磚砌築的2層或3層磚樓。屋頂形式爲歇山頂或懸山頂。此形式都建於全寺前面門殿（山門或天王殿）的東西兩側，形成全寺的外觀（Façade）作用。

3）樓閣式

樓閣式鐘鼓樓是最常見的鐘鼓樓建築形式，共有30個。樓閣式鐘鼓樓各層的建造方式分爲5種：一、磚牆；二、木構架；三、木構架＋木製障日板壁；四、木構架＋隔扇門窗；五、木構架＋隔扇門窗＋磚牆。37個鐘樓的建造方式如下表6.3。

表6.3　實物鐘鼓樓的建築類型

建築類型（百分率）			數量	佛 寺 名 稱
亭子式（10.8%）			4	奉國寺（Ⅰ-1）、善化寺（Ⅰ-2）、華嚴寺（Ⅰ-4-②、Ⅰ-4-③）
磚樓式（8.1%）			3	青蓮寺（Ⅲ-3-②）、南吉祥寺（Ⅳ-3）、定林寺（Ⅴ-11）
樓閣式（81%）	單層（10.8%）	木構架＋隔扇門窗（2.7%）	1	風穴寺（Ⅲ-2）
		磚牆（5.4%）	2	青蓮寺（Ⅲ-3-①）、龍門寺（Ⅳ-1）
		木構架＋磚牆（2.7%）	1	鎮國寺（Ⅲ-4）
	重層（70.2%）	上層：磚牆 下層：磚牆（8.1%）	3	廣勝寺（Ⅰ-6）、毗盧寺（Ⅳ-4）、福勝寺（Ⅴ-12）
		上層：木構架 下層：木構架（2.7%）	1	香嚴寺（Ⅴ-7）
		上層：木構架 下層：磚牆（21.6%）	8	靈巖寺（Ⅱ-1）、岩山寺（Ⅱ-2）、雙林寺（Ⅲ-6）、慈相寺（Ⅴ-5）、資壽寺（Ⅴ-6）、渾源永安寺（Ⅴ-8）、安國寺（Ⅴ-9）、開化寺（Ⅴ-10）

上層：木構架＋木製障日板壁 下層：磚牆（29.7%）	11	白馬寺（Ⅰ-5）、智化寺（Ⅰ-7）、顯通寺（Ⅱ-3-②）崇福寺（Ⅲ-5）、戒臺寺（Ⅳ-2）、覺生寺（Ⅳ-5-②）、潭柘寺（Ⅴ-1）、法源寺（Ⅴ-2）、碧雲寺（Ⅴ-3）、十方普覺寺（Ⅴ-4）、國清寺（Ⅴ-13）
上層：木構架＋隔扇門窗 下層：磚牆（2.7%）	1	顯通寺（Ⅱ-3-①）
上層：木構架＋隔扇門窗 下層：木構架＋隔扇門窗＋磚牆（5.4%）	2	保國寺（Ⅰ-3）、覺生寺（Ⅳ-5-①）

6.1.2.2　建築平面

實物鐘鼓樓的建築平面，可以分為 6 角形和方形平面。（表 6.4）

1）6 角形

6 角形平面的鐘鼓樓共有 4 個，都為上述的亭子式鐘鼓樓，即奉國寺（Ⅰ-1）、善化寺（Ⅰ-2）、華嚴寺（Ⅰ-4-②、Ⅰ-4-③）。

2）方形

除了 6 角形鐘鼓樓之外，實物鐘鼓樓都有方形平面的，此平面再分為正方形和長方形。正方形為最常見的鐘鼓樓平面形式，主要見於大多數樓閣式鐘鼓樓；長方形平面主要見於磚樓式鐘鼓樓以及單獨設立的大鐘樓。

樓閣式方形鐘鼓樓，按照面闊和進深間數可以再詳細分類。通過分析可知，實物鐘鼓樓最常見的平面形式，為上層面闊 1 間、進深 1 間；下層面闊 3 間、進深 3 間。

表 6.4　實物鐘鼓樓的建築平面

建築平面（百分率）		數量	佛　寺　名　稱
6 角形（10.8%）		4	奉國寺（Ⅰ-1）、善化寺（Ⅰ-2）、華嚴寺（Ⅰ-4-②、Ⅰ-4-③）
	磚樓式（8.1%）	3	青蓮寺（Ⅲ-3-②）、南吉祥寺（Ⅳ-3）、定林寺（Ⅴ-11）

方形 (89.2%)	樓閣式 (81.1%)	單層 (10.8%)	面闊 3 間，進深 3 間 (5.4%)	2	風穴寺（III-2）、青蓮寺（III-3-①）
			面闊 1 間，進深 1 間 (5.4%)	2	鎮國寺（III-4）、龍門寺（IV-1）
		重層 (70.3%)	上層：面闊 3 間，進深 3 間 下層：面闊 3 間，進深 3 間（2.7%）	1	顯通寺（II-3-①）
			上層：面闊 1 間，進深 1 間 下層：面闊 3 間，進深 3 間（35.1%）	13	保國寺（I-3）、白馬寺（I-5）、智化寺（I-7）、顯通寺（II-3-②）、戒臺寺（IV-2）、覺生寺（IV-5-②）、潭柘寺（V-1）、法源寺（V-2）、碧雲寺（V-3）、十方普覺寺（V-4）、香嚴寺（V-7）、渾源永安寺（V-8）、國清寺（V-13）
			上層：面闊 1 間，進深 1 間 下層：面闊 1 間，進深 1間（29.7%）	11	廣勝寺（I-6）、靈巖寺（II-1）、岩山寺（II-2）、崇福寺（III-5）、雙林寺（III-6）、毗盧寺（IV-4）、慈相寺（V-5）、資壽寺（V-6）、安國寺（V-9）、開化寺（V-10）、福勝寺（V-12）
			上層：圓形，設 12 個隔扇窗一周 下層：面闊 3 間，進深 3 間（2.7%）	1	覺生寺大鐘樓（IV-5-①）

6.1.2.3 屋頂形式

實物鐘鼓樓的屋頂形式，大多數為歇山頂，共為 26 個。懸山頂和攢尖頂各有 5 個，卷棚頂有 1 個。再詳細分析的話，重簷歇山頂最多，共有 13 個；單簷歇山頂有 7 個；單簷懸山頂有 5 個；單簷攢尖頂有 4 個；單簷十字歇山頂有 3 個；重簷十字歇山頂、重簷攢尖頂、三簷十字歇山頂、三簷歇山頂、單簷卷棚頂各有 1 個。（表 6.5）

表 6.5　實物鐘鼓樓的屋頂形式

屋頂形式（百分率）		數量	佛　寺　名　稱
歇山頂（70.2%）	重簷歇山頂（35.1%）	13	保國寺（Ⅰ-3）、白馬寺（Ⅰ-5）、智化寺（Ⅰ-7）、青蓮寺（Ⅲ-3-①）、戒臺寺（Ⅳ-2）、覺生寺（Ⅳ-5-②）、潭柘寺（Ⅴ-1）、法源寺（Ⅴ-2）、碧雲寺（Ⅴ-3）、十方普覺寺（Ⅴ-4）、渾源永安寺（Ⅴ-8）、國清寺（Ⅴ-13）、顯通寺（Ⅱ-3-②）
	單簷歇山頂（18.9%）	7	靈巖寺（Ⅱ-1）、岩山寺（Ⅱ-2）、青蓮寺（Ⅲ-3-②）、崇福寺（Ⅲ-5）、雙林寺（Ⅲ-6）、安國寺（Ⅴ-9）、福勝寺（Ⅴ-12）
	單簷十字歇山頂（8.1%）	3	廣勝寺（Ⅰ-6）、資壽寺（Ⅴ-6）、開化寺（Ⅴ-10）
	重簷十字歇山頂（2.7%）	1	香嚴寺（Ⅴ-7）
	三簷十字歇山頂（2.7%）	1	顯通寺（Ⅱ-3-①）
	三簷歇山頂（2.7%）	1	風穴寺（Ⅲ-2）
懸山頂（13.5%）	單簷懸山頂（13.5%）	5	鎮國寺（Ⅲ-4）、南吉祥寺（Ⅳ-3）、毗盧寺（Ⅳ-4）、慈相寺（Ⅴ-5）、定林寺（Ⅴ-11）
攢尖頂（13.5%）	單簷攢尖頂（10.8%）	4	奉國寺（Ⅰ-1）、善化寺（Ⅰ-2）、華嚴寺（Ⅰ-4-②、Ⅰ-4-③）
	重簷攢尖頂（2.7%）	1	覺生寺（Ⅳ-5-①）
卷棚頂（2.7%）	單簷卷棚頂（2.7%）	1	龍門寺（Ⅳ-1）

6.1.2.4　欄杆設施

　　實物鐘鼓樓形制，可以分為上下層之間設置的欄杆有無。沒有設置欄杆的鐘鼓樓為 22 個，設置欄杆的共為 15 個，其中砌磚欄杆為 9 個，木欄杆為 6 個。（表 6.6）

表 6.6　實物鐘鼓樓的設置欄杆有無

欄杆有無（百分率）		數量	佛　寺　名　稱
有欄杆（40.5%）	磚砌欄杆（24.3%）	9	廣勝寺（Ⅰ-6）、靈巖寺（Ⅱ-1）、鎮國寺（Ⅲ-4）、雙林寺（Ⅲ-6）、慈相寺（Ⅴ-5）、資壽寺（Ⅴ-6）、安國寺（Ⅴ-9）、開化寺（Ⅴ-10）、福勝寺（Ⅴ-12）

	木製欄杆 （16.2%）	6	岩山寺（II-2）、風穴寺（III-2）、崇福寺（III-5）、香嚴寺（V-7）、渾源永安寺（V-8）、顯通寺（II-3-①）
無欄杆（59.5%）		22	奉國寺（I-1）、善化寺（I-2）、保國寺（I-3）、華嚴寺（I-4-②、I-4-③）、白馬寺（I-5）、智化寺（I-7）、青蓮寺（III-3-①）、青蓮寺（III-3-②）、龍門寺（IV-1）、戒臺寺（IV-2）、南吉祥寺（IV-3）、毗盧寺（IV-4）、覺生寺（IV-5-①）、覺生寺（IV-5-②）、潭柘寺（V-1）、法源寺（V-2）、碧雲寺（V-3）、十方普覺寺（V-4）、定林寺（V-11）、國清寺（V-13）、顯通寺（II-3-②）

此外，有些鐘鼓樓當作佛寺掖門或側門。此類鐘鼓樓都為重層樓閣式建築，下層為磚牆，向南北或東西方向開門洞，可以出入。在37個鐘鼓樓建築類型中，只見於5個，即廣勝寺（I-6）、岩山寺（II-2）、顯通寺（II-3-①）、慈相寺（V-5）、安國寺（V-9）。

6.1.3 小 結

通過上述的文獻、圖像資料和實物鐘鼓樓的分析，得出以下結論。

唐代鐘樓有鐘臺、鐘閣、鐘樓等的多種形式。其中，與迴廊連接的鐘閣形式比較常見，這是與很多迴廊及廊廡圍繞組成的唐代多院式大型佛寺有密切關係。鐘樓下層供奉佛像的手法，唐代已經開始。

隨著宋元禪寺中樓閣建築的興盛與發展，宋代佛寺鐘樓，與以前相比規模變大。一般來說，面闊三間，四重簷歇山頂，二層樓閣式建築。元代佛寺鐘樓，因資料的缺乏而沒法考，但應該與宋代佛寺鐘樓大體一致。宋代佛寺鐘樓的下層仍然安置佛像。

《金陵梵剎志》中的明南京佛寺鐘樓形制，已經接近了明清鐘鼓樓實物。明代鐘樓，與以前宋代相比，規模變小，形制變簡單。從明清佛寺鐘鼓樓實物分析來看，明清鐘鼓樓最普遍的形制如下：2層樓閣式建築，上層為木製障日板壁，下層為磚牆；上層為面闊、進深各1間。下層為面闊、進深各3間；屋頂形式為重簷歇山頂；沒有設置欄杆。

6.2　布局特徵

6.2.1　文獻及圖像資料中的鐘鼓樓布局

　　文獻及圖像資料中的鐘鼓樓布局，從《金陵梵刹志》所描述的明南京佛寺中，明顯看到。在《金陵梵刹志》所記載的佛寺中，建有鐘鼓樓的則是 10 座，即雞鳴寺、永慶寺、鷲峰寺、金陵寺、弘濟寺、高座寺、永興寺、普德寺、外永寧寺、花岩寺。〔註6〕其中，雞鳴寺有相關記載與佛寺圖，其他佛寺只有文獻記載。在此記載基礎上，史韶華已經大致復原佛寺平面格局。〔註7〕據她的研究可知，10 座佛寺中 5 座佛寺鐘鼓樓，位於金剛殿與天王殿之間兩側；3 座佛寺的鐘鼓樓，位於山門與天王殿（或金剛殿）之間兩側；2 座佛寺的鐘鼓樓，位於天王殿與正佛殿（或千佛閣）之間兩側。從院落空間角度來看，除了規模較大的雞鳴寺以外，9 座的鐘鼓樓位於第一進院落內兩側。這應該與佛寺等級及規模有密切關係。（圖 6.7、表 6.7）

圖 6.7　《金陵梵刹志》中的佛寺鐘鼓樓布局

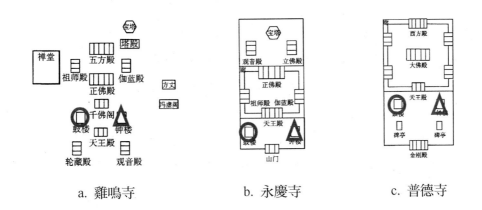

a. 雞鳴寺　　　　b. 永慶寺　　　　c. 普德寺

〔註6〕何孝榮，明代南京寺院研究，北京：中國社會科學出版社，2000：162。

〔註7〕史韶華，明代南京佛寺基址規模與建築布局研究，清華大學碩士學位論文，2007；史韶華，明代南京佛寺的基址規模與平面布局，中國古代建築基址規模研究，北京：中國建築工業出版社，2008。

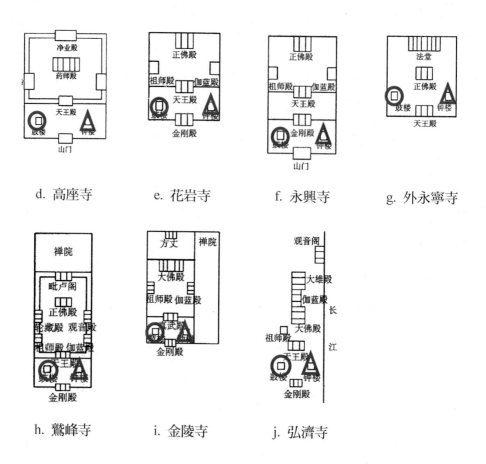

d. 高座寺　　　e. 花岩寺　　　f. 永興寺　　　g. 外永寧寺

h. 鷲峰寺　　　i. 金陵寺　　　j. 弘濟寺

表 6.7　《金陵梵刹志》中的佛寺鐘鼓樓布局

編號	寺　名	等　級	設　立　位　置	
a	雞鳴寺	次大寺	第二進院落內	天王殿與千佛閣之間兩側
b	永慶寺	中寺	第一進院落內	山門與天王殿之間兩側
c	普德寺	中寺	第一進院落內	金剛殿與天王殿之間兩側
d	高座寺	中寺	第一進院落內	山門與天王殿之間兩側
e	花岩寺	中寺	第一進院落內	金剛殿與天王殿之間兩側
f	永興寺	中寺	第一進院落內	山門與金剛殿之間兩側
g	外永寧寺	中寺	第一進院落內	天王殿與正佛殿之間兩側
h	鷲峰寺	中寺	第一進院落內	金剛殿與天王殿之間兩側
i	金陵寺	中寺	第一進院落內	金剛殿與天王殿（真武殿）之間兩側
j	弘濟寺	中寺	第一進院落內	金剛殿與天王殿之間兩側

6.2.2　實物鐘鼓樓的布局特徵

　　與上述的 6.1.2 實物鐘鼓樓建築形制同樣，在本節對「第 5 章佛寺鐘鼓樓實物現狀」的基礎上進行分析。但是，與在 6.1.2 節對 33 座佛寺 37 個鐘鼓樓建築形制類型進行研究不同，在本節對 33 座佛寺 36 個〔註8〕鐘鼓樓布局類型進行分析。（表 6.8）

表 6.8　本節所分析的 36 個鐘鼓樓建築布局類型

編號	本文編號	佛寺名稱	鐘樓	鼓樓	備　　　註
1	Ⅰ-1	奉國寺	✓		鐘亭與碑亭對置
2	Ⅰ-2	善化寺	✓	✓	對稱
3	Ⅰ-3	保國寺	✓	✓	對稱
4	Ⅰ-4-②	華嚴寺	✓	✓	對稱
5	Ⅰ-4-③	華嚴寺	✓	✓	對稱
6	Ⅰ-5	白馬寺	✓	✓	對稱
7	Ⅰ-6	廣勝寺	✓	✓	對稱
8	Ⅰ-7	智化寺	✓	✓	對稱
9	Ⅱ-1	靈巖寺	✓	✓	對稱
10	Ⅱ-2	岩山寺	✓		鼓樓已經不存
11	Ⅱ-3	顯通寺	✓	✓	鐘樓與鼓樓位置不對稱
12	Ⅲ-2	風穴寺	✓		只建懸鐘閣
13	Ⅲ-3-①	青蓮寺	✓		只建大鐘樓
14	Ⅲ-3-②	青蓮寺	✓	✓	對稱
15	Ⅲ-4	鎮國寺	✓	✓	對稱
16	Ⅲ-5	崇福寺	✓	✓	對稱
17	Ⅲ-6	雙林寺	✓	✓	對稱
18	Ⅳ-1	龍門寺	✓	✓	對稱
19	Ⅳ-2	戒臺寺	✓	✓	對稱
20	Ⅳ-3	南吉祥寺	✓	✓	對稱
21	Ⅳ-4	毗盧寺	✓	✓	對稱

〔註 8〕顯通寺（Ⅱ-3）的鐘樓與鼓樓的建築形制不同，所以，顯通寺的建築形制算 2 個類型，但其布局只算 1 個。

22	IV-5-①	覺生寺	✓		只建大鐘樓
23	IV-5-②	覺生寺	✓	✓	對稱
24	V-1	潭柘寺	✓	✓	對稱
25	V-2	法源寺	✓	✓	對稱
26	V-3	碧雲寺	✓	✓	對稱
27	V-4	十方普覺寺	✓	✓	對稱
28	V-5	慈相寺	✓	✓	對稱
29	V-6	資壽寺	✓	✓	對稱
30	V-7	香嚴寺	✓	✓	對稱
31	V-8	渾源永安寺	✓	✓	對稱
32	V-9	安國寺	✓	✓	對稱
33	V-10	開化寺	✓	✓	對稱
34	V-11	定林寺	✓	✓	對稱
35	V-12	福勝寺	✓	✓	對稱
36	V-13	國清寺	✓	✓	對稱

6.2.2.1 對稱、非對稱問題

一般來講，鐘樓與鼓樓建於佛寺中軸線東西對稱的位置。但因爲有特殊原因，有些佛寺鐘鼓樓成爲非對稱格局，在本節 36 個鐘鼓樓布局類型中，6個布局屬於此類。非對稱格局的鐘鼓樓，分爲兩種情況：

1. 雖然設置鐘樓與鼓樓，但其位置是不對稱的。此唯一的實例爲顯通寺（II-3）。顯通寺鐘樓位於山門東側，爲三簷十字歇山頂二層樓閣式，但鼓樓位於山門南側，爲重簷歇山頂二層樓閣式。

2. 由於只建立鐘樓，自然形成了非對稱格局。此實例爲 5 個，如，奉國寺（I-1）、岩山寺（II-2）、風穴寺（III-2）、青蓮寺（III-3-①）、覺生寺（IV-5-①）。這些佛寺的非對稱格局起因於多種原因：一、奉國寺鐘亭，不是與鼓亭對稱，而是與碑亭對稱；二、岩山寺鼓樓已經不存；三、風穴寺鐘樓，由於地理環境的原因，即全寺東側近水，所以把鐘樓不得不建於全寺的西側；四、青蓮寺，除了東西對稱的鐘鼓樓以外，在全寺東側另外建立大鐘樓；五、覺生寺，除了東西對稱的鐘鼓樓以外，在全寺中軸線最後端另外建立大鐘樓。

　　對稱格局的鐘鼓樓，一共 30 個類型。（參見表 6.8）下面的分析，對以此 30 個對稱鐘鼓樓布局為主進行論述。

6.2.2.2　鐘鼓樓與院落的關係

　　一般來講，佛寺鐘鼓樓位於全寺前邊門殿兩側或者門殿北邊兩側。在此對上述的 30 個對稱鐘鼓樓的院落內位置進行分析。

1）第一院落門殿兩側

　　鐘鼓樓位於第一院落門殿兩側。第一院落的門殿，一般為山門或天王殿，但也有銅塔樓、大悲閣等。雖然其名稱不同，但它們都作為山門的功能。而且，此門殿與東西兩側的鐘鼓樓，共作為全寺的外觀（Façade）作用。此類型共有 7 個（23.3%），如表 6.9。

表 6.9　第一院落門殿兩側的鐘鼓樓

鐘鼓樓布局示意圖	編號	佛寺名稱	鐘　鼓　樓　位　置
	III-3	青蓮寺	天王殿兩側
	III-4	鎮國寺	天王殿兩側
	IV-3	南吉祥寺	山門兩側
	V-7	香嚴寺	天王殿兩側
	V-9	安國寺	銅塔樓兩側
	V-10	開化寺	大悲閣兩側
	V-11	定林寺	山門（觀音閣）兩側

2）第一進院落內兩側

　　鐘鼓樓位於第一進院落內兩側，一般位於山門和天王殿之間兩側。但十方普覺寺的鐘鼓樓位於琉璃牌坊和山門之間兩側，是比較特殊情況。此類型共有 7 個（23.3%），如表 6.10。

表 6.10　第一進院落內兩側的鐘鼓樓

鐘鼓樓布局示意圖	編號	佛寺名稱	鐘　鼓　樓　位　置
	Ⅰ-5	白馬寺	山門和天王殿之間兩側
	Ⅰ-7	智化寺	山門和天王殿之間兩側
	Ⅴ-2	法源寺	山門和天王殿之間兩側
	Ⅴ-3	碧雲寺	山門和彌勒殿之間兩側
	Ⅴ-4	十方普覺寺	琉璃牌坊和山門之間兩側
	Ⅳ-2	戒臺寺	山門和天王殿之間兩側
	Ⅳ-5	覺生寺	山門和天王殿之間兩側

3）第二院落門殿兩側

　　鐘鼓樓位於第二院落門殿兩側。此門殿以天王殿為最多，因為由山門、天王殿、主殿（佛殿）組成的佛寺最為常見。但龍門寺的鐘鼓樓位於大雄寶殿兩側，這是比較特殊。此類型共有 7 個（23.3%），如表 6.11。

表 6.11　第二院落門殿兩側的鐘鼓樓

鐘鼓樓布局示意圖	編號	佛寺名稱	鐘　鼓　樓　位　置
	Ⅰ-6	廣勝下寺	前殿（彌陀殿）兩側
	Ⅲ-6	雙林寺	釋迦殿兩側
	Ⅳ-1	龍門寺	大雄寶殿兩側
	Ⅴ-1	潭柘寺	天王殿兩側
	Ⅴ-12	福勝寺	天王殿兩側
	Ⅴ-5	慈相寺	前殿兩側
	Ⅴ-6	資壽寺	天王殿兩側

4）第二進院落內兩側

　　鐘鼓樓位於第二進院落內兩側，一般位於天王殿和主殿（佛殿）之間兩側。但佛寺規模較大的崇福寺和國清寺，其鐘鼓樓各位於金剛殿和天佛閣之間和彌勒殿與雨花殿（天王殿）之間兩側。此類型共有 6 個（20%），如表 6.12。

表 6.12　第二進院落內兩側的鐘鼓樓

鐘鼓樓布局示意圖	編號	佛寺名稱	鐘 鼓 樓 位 置
	Ⅰ-3	保國寺	天王殿和大殿之間兩側
	Ⅱ-1	靈巖寺	天王殿和大雄寶殿之間兩側
	Ⅲ-5	崇福寺	金剛殿和天佛閣之間兩側
	Ⅳ-4	毗盧寺	釋迦殿和毗盧殿之間兩側
	Ⅴ-8	渾源永安寺	天王殿和大雄寶殿之間兩側
	Ⅴ-13	國清寺	彌勒殿與雨花殿（天王殿）之間兩側

5）主殿前月臺上兩側

鐘鼓樓位於主殿前月臺上兩側。此類型只見於遼金佛寺內主殿月臺上，是遼金佛寺的布局特徵之一。如前所述，此類型鐘鼓樓都一層亭子式建築。一共有 3 個（10%），如表 6.13。

表 6.13　主殿前月臺上兩側的鐘鼓樓

鐘鼓樓布局示意圖	編號	佛寺名稱	鐘鼓樓位置
	Ⅰ-2	善化寺	主殿月臺上兩側
	Ⅰ-4-②	華嚴寺薄伽教藏殿	主殿月臺上兩側
	Ⅰ-4-③	華嚴寺大雄寶殿	主殿月臺上兩側

6.2.2.3　鐘鼓樓與周圍建築的關係

1）單獨建立

在 30 個對稱鐘鼓樓布局類型中，單獨建立的鐘鼓樓最為常見。在前節分析中的「第一院落門殿兩側」、「第二院落門殿兩側」、「主殿前月臺上兩側」的鐘鼓樓都屬於此類型。共有 16 個（53.3%）。

2）與門殿連接

鐘鼓樓位於門殿兩側，與門殿連接，共有 10 個（33.4%）。但其連接方式分為 3 種形式：一、鐘鼓樓與門殿兩側門連接，共有 5 個；二、鐘鼓樓與門殿兩側的院牆連接，共有 3 個；三、鐘鼓樓與門殿直接連接，共有 2 個。

3）與廂房連接

鐘鼓樓與院落內兩側廂房連接，共有 3 個（10%）。

4）與院牆側面壁連接

鐘鼓樓與院牆側面壁連接，只有 1 個（3.3%）。

表 6.14　鐘鼓樓與周圍建築的關係

與周圍建築的關係（百分率）		數量	佛　寺　名　稱
單獨建立（53.3%）		16	善化寺（Ⅰ-2）、華嚴寺（Ⅰ-4-②、Ⅰ-4-③）、智化寺（Ⅰ-7）、靈巖寺（Ⅱ-1）、崇福寺（Ⅲ-5）、雙林寺（Ⅲ-6）、龍門寺（Ⅳ-1）、戒臺寺（Ⅳ-2）、毗盧寺（Ⅳ-4）、覺生寺（Ⅳ-5-②）、法源寺（Ⅴ-2）、十方普覺寺（Ⅴ-4）、香嚴寺（Ⅴ-7）、渾源永安寺（Ⅴ-8）、福勝寺（Ⅴ-12）
與門殿連接（33.4%）	連接於門殿兩側門（16.7%）	5	青蓮寺（Ⅲ-3-②）、鎮國寺（Ⅲ-4）、南吉祥寺（Ⅳ-3）、資壽寺（Ⅴ-6）、定林寺（Ⅴ-11）
	連接於門殿兩側院牆（10%）	3	潭柘寺（Ⅴ-1）、安國寺（Ⅴ-9）、開化寺（Ⅴ-10）
	直接連接於門殿（前殿）（6.7%）	2	廣勝寺（Ⅰ-6）、慈相寺（Ⅴ-5）
與廂房連接（10%）		3	保國寺（Ⅰ-3）、白馬寺（Ⅰ-5）、國清寺（Ⅴ-13）
與院牆側面壁連接（3.3%）		1	碧雲寺（Ⅴ-3）

6.2.3　小　結

通過上述的文獻、圖像資料和實物鐘鼓樓布局特徵的分析，得出以下結論。

雖然佛寺鐘鼓樓對設，從元末明初開始形成，但目前難以考證元末佛寺鐘鼓樓布局情況。明南京佛寺鐘鼓樓布局，從《金陵梵剎志》中可以看到。

在 10 組對設鐘鼓樓中，5 組鐘鼓樓位於金剛殿與天王殿之間兩側；3 組鐘鼓樓位於山門與天王殿（或金剛殿）之間兩側；2 組鐘鼓樓位於天王殿與正佛殿（或千佛閣）之間兩側。但從鐘鼓樓與院落的關係來看，除了次大寺雞鳴寺以外，9 座中寺鐘鼓樓位於第一進院落內兩側。

通過實物鐘鼓樓布局特徵的分析，佛寺鐘鼓樓的位置，除了第一進院落內兩側外，還常見位於第一院落或第二院落的門殿兩側的鐘鼓樓。然後，從鐘鼓樓與周圍建築的關係來看，最常見的形式為單獨建立。

第7章　韓國佛寺鐘鼓樓建築

　　如前所述，我們已經看到中國佛寺鐘鼓樓制度。那麼，佛寺鐘鼓樓制度是中國固有的佛寺布局方法？為了回答此問題，在本章對韓國佛寺鐘鼓樓建築進行考察。如第3章中所述，韓國佛寺中也曾經出現過「鐘樓與經藏」、「經藏與經藏」、「樓閣式雙塔」等的布局形式。

　　韓國高麗末期（相當於元末明初），位於高麗都城開城的廣通普濟禪寺中曾有鐘樓與鼓樓。據《牧隱文稿》卷十四《廣通普濟禪寺碑銘》記載：

> 考其工程，經始於壬子（1372 年）之春，訖功於丁巳（1377
> 年）之冬。彌勒殿、觀音殿，海藏之堂，天星之位，內外禪思之室，
> 執事有次，居僧有僚，膳堂、賓位、庫廩、庖湢之所，鐘鼓之樓，
> 凡為屋一百有奇。〔註1〕

　　這裡的「鐘鼓之樓」應該是對稱設置的鐘樓與鼓樓。由此可知，在14世紀末，韓國佛寺中已經形成佛寺鐘鼓樓對設布局。

　　但是，從此以後的韓國佛寺中，即朝鮮時期〔註2〕的佛寺中，再看不到鐘樓與鼓樓對置布局。〔註3〕從朝鮮時期開始，佛寺內鐘和鼓的設置方式，走了一條完全與中國明清佛寺鐘鼓樓不同的路。

〔註 1〕〔高麗〕李穡，牧隱文稿，卷十四，廣通普濟禪寺碑銘（見於韓國儒經編纂
　　　　中心網站（http://ygc.skku.edu））。
〔註 2〕韓國朝鮮時期（1392 年至 1910 年）相當於中國明清時期（1368 年至 1911 年）。
　　　　朝鮮時期以壬辰倭亂（1588 年至 1592 年）為基準，可以分為前後兩期。一般
　　　　來講，朝鮮前期相當於明代，朝鮮後期相當於清代。
〔註 3〕目前，鐘鼓樓對置布局可以見於求禮華嚴寺、禮山修德寺等。但它們都為最
　　　　近新建的建築。

7.1 朝鮮時期佛教及佛寺簡述

與前代高麗王朝不同，朝鮮王朝以推崇儒學而排斥佛教的「崇儒抑佛」爲國策。其政策之一，則是通過裁併佛教宗派的方法來控制佛寺數量及規模。如據《太宗實錄》中太宗六年（1406年）的記載：

> 議政府請定禪教各宗，合留寺社。啓曰：「本府曾受教……曹溪宗、總持宗，合留七十寺；天台、疏字、法事宗，合留四十三寺；華嚴、道門宗，合留四十三寺；慈恩宗，留三十六寺；中道、神印宗，合留三十寺；南山、始興宗，各留十寺。」上從之。〔註4〕

又據《世宗實錄》中世宗六年（1424年）的記載：

> 禮曹啓：「釋氏之道，禪教兩宗而已，厥後正傳傍傳，各以所業，分而爲七宗，傳誤承訛，源遠而末益分，實有愧於其師之道。且中外多建寺社，分屬各宗，其數猥多，緇流四散，曠廢莫居，修葺不繼，漸致頹毀。乞以曹溪、天台、總南三宗，合爲禪宗；華嚴、慈恩、中神、始興四宗，合爲教宗，擇中外堪寓僧徒之處，量宜置三十六寺，分隸兩宗。」〔註5〕

由這些記載可知，太宗六年，朝鮮朝廷開始對佛教宗派及佛寺數量進行調整，將12個佛教宗派合併爲7個宗派。在約20年之後，將留下來的7個宗派再裁併禪宗和教宗的兩個宗派。如此，朝鮮王朝的抑佛政策一直繼續下去，導致朝鮮佛教的地位下降及朝鮮佛寺數量和規模的萎縮。

在上述的背景下，朝鮮佛寺向脫城市化、小型化、山地化的趨勢發展。朝鮮佛寺與前代高麗佛寺相比，規模變小，布局形式變簡單。這樣的以小型山地佛寺爲主的朝鮮佛寺，由於1588年至1592年之間驟起的壬辰倭亂（又稱爲萬曆朝鮮戰爭），受到很大打擊。當時，全國的宮殿、官衙、宅邸、園林等建築都燒毀，當然佛寺建築也沒有例外。因此，目前17世紀以前的朝鮮佛寺建築，除了高麗末朝鮮初的幾座殿堂建築之外，留下來的建築極少。

雖然朝鮮佛寺受到很多限制，但朝鮮佛寺具有明顯的布局特徵。這是以

〔註4〕朝鮮王朝實錄，太宗實錄，卷十一，太宗六年（見於朝鮮王朝實錄網站（http://sillok.history.go.kr））。

〔註5〕朝鮮王朝實錄，世宗實錄，卷二十四，世宗六年（見於朝鮮王朝實錄網站（http://sillok.history.go.kr））。

由佛殿、左右寮舍（即僧房）、前邊樓閣組成的「四棟中庭」（又稱「山地中庭」）為基本，在此基礎上向外擴展的形式。這應該是在狹窄的山地空間上建立佛寺中自然形成的布局方式。此形式始於高麗末朝鮮初，定型於 18 世紀左右。〔註 6〕（圖 7.1）

圖 7.1　朝鮮佛寺的「四棟中庭」布局

 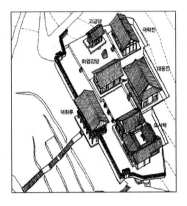

a.《觀音現相記》中《上元寺圖》（1462 年繪製）　　　b. 鳳停寺鳥瞰圖

7.2　朝鮮時期佛寺鐘鼓樓演變

其實，朝鮮時期佛寺中沒有「鐘鼓樓」的稱號，一般叫「鐘閣」、「鐘樓」、「梵鐘閣」、「梵鐘樓」等。雖然此樓閣名稱只與梵鐘有關，但實際上在樓閣內設置鐘和鼓，甚至設置鐘、鼓、雲版、木魚的 4 種法器，稱為「佛殿四物」。這是與中國佛寺內一般廂房檐下或迴廊內設置的雲版和木魚有很大區別。這樣的鐘鼓或佛殿四物合置方式，與中國明清佛寺鐘鼓樓相比顯然不同。

由於鐘鼓樓就成為一座樓閣，朝鮮佛寺內鐘鼓樓格局自然成為非對稱，即位於全寺的中軸線上。但由於如前所述的 16 世紀末驟起的壬辰倭亂的影響，目前朝鮮前期鐘鼓樓的情況只從文獻中可以看到。比如，朝鮮前期文臣金守溫（1410～1481 年）所撰的《拭疣集》中有一些佛寺的重創記，其內容如下：

一、據《秒寂寺重創記》記載，「橫立長廊其南，以處內外，鐘閣二間，

〔註 6〕　〔韓〕金東旭，韓國建築의，歷史，首爾：技文堂，2007：260。

立於廊外。又建十二間於外南，名曰外行廊，中爲沙門。」〔註7〕

二、據《奉先寺重創記》記載，「常距長廊六間，正門一間，名曰圓寂門。鐘樓層閣三間，名曰清遠樓。中行廊十三間，內天王門一間，名曰證眞門。」〔註8〕

三、據《正因寺重創記》記載，「長廊外縱立鐘閣一間，名振法樓，上棲鐘鼓，下通出入。」〔註9〕

這些佛寺都爲 15 世紀重建的佛寺，如秒寂寺重建於 1448 年，奉先寺重建於 1468 年，正因寺重建於 1468 年。在此記載基礎上，洪炳化、金聖雨繪製這些佛寺平面示意圖。〔註10〕（圖 7.2）

圖 7.2 《拭疣集》中的朝鮮初期佛寺平面示意圖

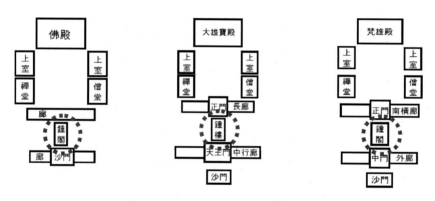

a. 秒寂寺（1448 年）　　b. 奉先寺（1468 年）　　c. 正因寺（1468 年）

從此記載及平面示意圖來看，我們確認以下幾個事實：一、這些佛寺都採取「四東中庭」布局形式；二、鐘閣（或鐘樓）位於正門前邊，而且鐘閣縱向建立，鐘閣與正門作成「丁」字型平面；三、在鐘閣內，確實設置鐘和鼓；四、鐘閣的建築形制爲重層樓閣式，上層設置鐘和鼓，下層可以出入。

〔註7〕〔朝鮮〕金守溫，拭疣集，卷之二，秒寂寺重創記（見於韓國古典綜合數據庫網站（http://db.itkc.or.kr））。

〔註8〕〔朝鮮〕金守溫，拭疣集，奉先寺重創記（見於韓國古典綜合數據庫網站（http://db.itkc.or.kr））。

〔註9〕〔朝鮮〕金守溫，拭疣集，正因寺重創記（見於韓國古典綜合數據庫網站（http://db.itkc.or.kr））。

〔註10〕〔韓〕洪炳華、金聖雨，朝鮮時代寺刹建築에서　正門과　門樓의，配置關係變化，建築歷史研究，Vol.18 no.1：54。

此布局形式，金允謙 18 世紀初繪製的《海印寺圖》中也可以看到。（圖 7.3）與此圖同時，從 1712 年寫的《遊伽倻山記》中也有相關記載：

　　　寺之外門三，曰紅霞，次曰鳳凰，次曰不二，次鐘閣曰圓音，內有正門。〔註11〕

由此可知，當時鐘閣稱爲「圓音閣」，鐘閣北邊的建築，確實是正門，他們形成「丁」字形的平面。雖然此圖和記載都爲 18 世紀初的，但是從 1491 年所寫的《海印寺重修記》中「起鐘樓曰圓音」〔註12〕之句來看，此鐘閣格局爲由 15 世紀至 18 世紀初一直留下來的。〔註13〕

圖 7.3　金允謙的《海印寺圖》

然後，17 世紀的金龍寺與月精寺布局情況〔註14〕中也看到此形式。如金

〔註11〕〔朝鮮〕俞拓基，知守齋集，卷十五，遊伽倻山記。這是從《朝鮮時代寺剎에서，鐘樓配置計劃의　意味와　變化》（〔韓〕洪炳華、金聖雨，韓國建築歷史學會，2008 年，秋季學術發表大會論文集：128）中再引用。

〔註12〕〔朝鮮〕曹偉，海印寺重修記。這是從《海印寺藏經版殿實測調查報告書》（海印寺、文化才庭，2002：73）中再引用。

〔註13〕〔韓〕洪炳華、金聖雨，朝鮮時代寺剎에서，鐘樓配置計劃의　意味와　變化，韓國建築歷史學會，2008 年，秋季學術發表大會論文集：128。

〔註14〕這裡的金龍寺與月精寺的文獻記載，從《朝鮮時代寺剎建築에서　正門과　門樓의　配置關係變化》（〔韓〕洪炳華、金聖雨，建築歷史研究，第 18 卷，1 號，2009：57～59）中再引用。

龍寺，據《金龍事蹟》記載，「先立禪僧兩堂，次建法堂、梵樓、正門、東西兩廊。」；月精寺，據《山中日記》記載，「入山門，金字書月精寺三字，過梵鐘閣正門至法堂。」這些佛寺的法堂前邊都有正門和鐘閣，他們應該成爲「丁」字型平面。但這裡的鐘閣，與15世紀的名稱不同，在此稱爲「梵樓」和「梵鐘閣」。

到了18世紀，朝鮮佛寺的鐘鼓樓布局有所變化。從約18世紀開始，鐘閣和正門合成爲一座大樓閣，位於主佛殿前的位置。此樓閣，由於鐘閣和正門的合成，所以其功能也自然合成，其規模也變大。而且，此大樓閣的名稱也有變化，不再叫「鐘閣」、「梵鐘閣」等，而使用一般樓閣的名稱，如「雨花樓」、「安養樓」、「普濟樓」、「萬歲樓」、「九光樓」等很多。（圖7.4）

圖7.4　朝鮮佛寺鐘鼓樓（大樓閣）——位於中軸線上

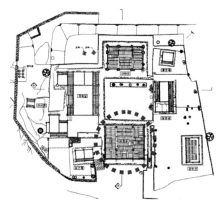

a. 開心寺中的安養樓　　　　　　　b. 花岩寺中的雨花樓

由朝鮮末期至20世紀下半葉，佛寺鐘鼓樓格局又發生了很大變化。這是除了主佛殿前邊的大樓閣（即鐘鼓樓）以外，在全寺西側另外建立一座鐘鼓樓，稱爲梵鐘閣。隨著位於全寺西側的梵鐘閣的出現，鐘鼓或佛殿四物的設置方式都改變到兩種方式：

1. 兼用原來的大樓閣和梵鐘閣。所以，只把梵鐘搬到梵鐘閣，法鼓、雲版、木魚仍然處於大樓閣內。一般在重新鑄造梵鐘的情況下，主要使用此方式。

2. 單獨使用新建的梵鐘閣。所以，把佛殿四物全部設置於梵鐘閣內。這是在原來的大樓閣毀掉或改到其他用途時，經常使用的方式。

其中，後者是在從朝鮮末至今最常見的布局方式。如，松廣寺、通度寺、神勒寺、金山寺等的佛寺中都能看到。（圖 7.5）

那麼，在此應該有疑問。中國佛寺鐘樓一般位於全寺東側，但此梵鐘閣如何處於全寺西側？韓國佛教學術界，借用體用說「左體右用」思想來說明其理由。〔註15〕詳細的講，「體」為本體，「用」為作用，「用」是「體」的外在表現。此原理應用於佛寺內，「體」就是佛法，「用」就是鐘聲、鼓聲等的佛音。坐北向南時，右側就是全寺中軸線的西側，所以其位置設置梵鐘閣。

圖 7.5　朝鮮佛寺鐘鼓樓（梵鐘閣（樓））——位於全寺西側

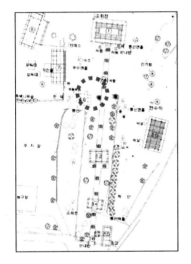

a. 松廣寺中的鐘樓（1857 年）

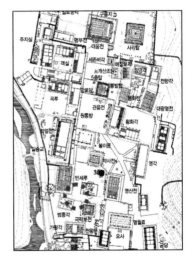

b. 通度寺中的梵鐘樓

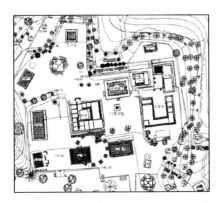

c. 神勒寺中的梵鐘閣（1981 年）

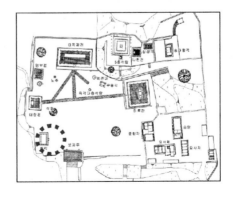

d. 金山寺中的梵鐘閣（1980 年代）

〔註15〕〔韓〕許筠，佛教文化叢書 7，佛殿四物，首爾：大韓佛教振興院，2011：15。

7.3　佛殿四物的設置方式

　　朝鮮佛寺鐘鼓樓的最大特點，則是在樓閣內合置梵鐘和法鼓，或者梵鐘、法鼓、雲版、木魚的佛殿四物。那麼，這些法器在樓閣內如何配置？有沒有一定的規律？

　　首先，我們看文獻中的相關記載。據 1886 年所寫的《松廣寺事蹟》記載：

　　　　　連有鐘閣，左鼓右鐘，雲版木魚，十二時中，叩叩騰騰。

〔註16〕

　　由此可知，當時松廣寺鐘閣內確實設置佛殿四物。其中，鐘和鼓的位置確定，即「左鼓右鐘（實際上是「東鼓西鐘」）」，但雲版和木魚的位置不知道。這是 19 世紀末所繪製的《松廣寺圖》中也看到，在此只畫出鐘和鼓，沒有表現出雲版和木魚。（圖 7.6）

圖 7.6　《松廣寺圖》中的鐘閣

　　那麼，實物鐘鼓樓中的位置如何？以上述的圖 7.5 的 4 座佛寺爲例進行分析。

　　1. 完州松廣寺鐘樓，又稱十字閣，重建於 1857 年。這是目前唯一的亞字型平面的鐘樓建築。鐘樓內四物的位置如下：梵鐘設於中間，法鼓設於西側，雲版設於南側，木魚設於東側。（圖 7.7.a）

〔註16〕龍雲堂，松廣寺事蹟。這是從《松廣寺重要木造建築物精密實測報告書（上）》（文化財庭，2007：41～43）中再引用。

2. 通度寺梵鐘樓，面闊 3 間，進深 2 間。分爲上下兩層。下層設置大鐘和小鐘，大鐘位於中間，小鐘位於右側。上層設置兩個法鼓、木魚，一個雲版，兩面法鼓各位於中間和左側，兩個木魚位於右側前邊，雲版位於右側後邊。（圖 7.7.b）

3. 神勒寺梵鐘閣，面闊 3 間，進深 2 間。梵鐘設於左側，大鼓設於中間。梵鐘與大鼓之間有雲版。木魚設於東側，木魚後邊有小鼓。（圖 7.7.c）

4. 金山寺梵鐘閣，面闊 3 間，進深 2 間。梵鐘設於中間，大鼓設於左側。木魚設於東側，木魚後邊有雲版。（圖 7.7.d）

圖 7.7　佛殿四物的設置方式

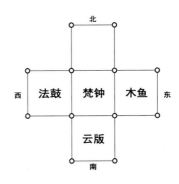

a. 松廣寺鐘樓（左）與四物配置圖（右）

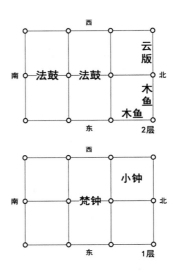

b. 通度寺梵鐘樓（左）與四物配置圖（右）

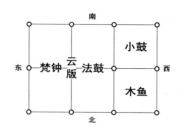

c. 神勒寺梵鐘閣（左）與四物配置圖（右）

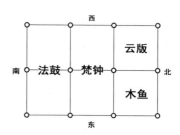

d. 金山寺梵鐘閣（左）與四物配置圖（右）

從文獻記載及實物鐘鼓樓的分析來看，朝鮮佛寺鐘鼓樓中的佛殿四物設置方式沒有一定的規定。

7.4 中國與韓國佛寺鐘鼓樓比較

中國與韓國的佛寺鐘鼓樓布局，在元末明初（相當於韓國高麗末期）時，大致一致，即兩國佛寺中都有鐘鼓樓對設方式。但從此以後，中國明清佛寺與韓國朝鮮佛寺之間有明顯的區別，就是如下。（表 7.1）

表 7.1　中國與韓國佛寺鐘鼓樓比較

中國佛寺鐘鼓樓	條　目	韓國佛寺鐘鼓樓
明清時期至今	主要建立時期	朝鮮時期至今
對稱	格局	非對稱
由東、西兩樓組成	鐘鼓樓組成	由一座樓閣組成（但朝鮮後期佛寺中出現兩座樓閣）
佛寺中軸線東、西兩側	設置位置	佛寺中軸線上主佛殿前邊（但朝鮮後期佛寺中出現位於全寺西側的鐘鼓樓）

分設	鐘鼓設置方式	合設
全寺東側（根據於由唐代以來的「鐘樓爲東」的傳統）	鐘樓的方位	全寺西側（根據於「左體右用」思想）

　　第一是鐘鼓樓建立位置。明清佛寺鐘鼓樓，一般位於中軸線兩側，東爲鐘樓，西爲鼓樓。但是，朝鮮佛寺鐘鼓樓，一般位於中軸線上的主佛殿前邊。朝鮮前期爲「主佛殿－正門－鐘閣（即鐘鼓樓）」的格局，但約 18 世紀以後發展到「主佛殿－大樓閣（即鐘鼓樓）」的格局。到了朝鮮後期，還有出現了位於全寺西側的梵鐘閣（即鐘鼓樓）。

　　第二是鐘和鼓的設置方式。明清佛寺的鐘和鼓，各設置於鐘樓與鼓樓，即採取分置鐘鼓的方式。但是，朝鮮佛寺的鐘和鼓，設置於一座鐘鼓樓，即採取合置鐘鼓的方式。而且隨著 18 世紀左右大樓閣的出現，除了鐘鼓之外，在大樓閣（即鐘鼓樓）內設置連雲版與木魚。到了朝鮮後期，有些佛寺開始採取分置鐘鼓的方式。

　　第三是鐘樓的方位。明清佛寺鐘鼓樓，一直堅持「東鐘西鼓」布局形式。唐代以來，佛寺鐘樓位於全寺的東側，這是中國佛寺的布局規律之一。但是，朝鮮佛寺梵鐘閣，位於全寺的西側，與中國佛寺正好相反。這是在「左體右用」思想背景下，佛寺內產生的一種格局，由朝鮮後期至今一直繼承的韓國佛寺布局規律。

7.5　小　結

　　朝鮮王朝的「崇儒抑佛」政策，導致了朝鮮佛教的地位喪失及朝鮮佛寺數量和規模的萎縮。因此，朝鮮時期的佛寺以小型山地佛寺爲主形成和發展。這是對佛寺布局方式有深遠影響，鐘鼓樓建築及布局沒有例外。

　　朝鮮時期的佛寺鐘鼓樓，與明清佛寺鐘鼓樓相比有明顯的區別。在朝鮮初期，鐘閣（即鐘鼓樓）位於全寺中軸線上的正門前邊，一般與正門成爲「丁」字型平面。但在約 18 世紀開始有格局變化，即鐘閣與正門合成一座大樓閣。此大樓閣上層設置鐘鼓或佛殿四物，下層當作正門。但到了朝鮮後期，在佛寺內出現位於全寺西側的梵鐘閣（即鐘鼓樓）。隨著梵鐘閣的出現，朝鮮佛寺的鐘鼓樓，從原來中軸線上的位置逐漸移動到全寺的西側。此過程由朝鮮後期至今一直看到。

　　朝鮮佛寺鐘鼓樓內設置的佛殿四物，也是與明清佛寺鐘鼓樓情況顯然不同。佛殿四物，爲梵鐘、法鼓、雲版和木魚。通過案例分析可知，佛殿四物的設置方式沒有一定的規律。

第8章 結 論

8.1 佛寺鐘鼓樓的形成背景

8.1.1 佛寺外在因素

在中國古代傳統思想中，鐘與鼓象徵東西方位，即鐘為西，鼓為東。這是逐漸應用到各類建築布局中，最早出現了隋代宮殿鐘鼓樓的「東鼓西鐘」對稱布局。

「東鼓西鐘」對稱布局，經過隋、唐、宋、金宮殿建築中的應用與發展，到了明初，終於擴展到城市空間中。於是，明代初期，宮殿鐘鼓樓制度廢止的同時，在城市中最早出現了「東鼓西鐘」對稱布局。然後，此布局成為明清城市鐘鼓樓代表布局形式之一。

佛寺鐘鼓樓，雖然與城市鐘鼓樓幾乎同步出現，但與城市相反，採取「東鐘西鼓」布局。此布局在明代中期廣泛普及和確立之後，影響到城市鐘鼓樓布局，明代中後期以後，在城市中還有出現「東鐘西鼓」布局。

綜上所述，佛寺鐘鼓樓形成的外在因素，則是宮殿鐘鼓樓制度的廢止。然後，城市鐘鼓樓和佛寺鐘鼓樓，互相影響而發展，各成為明清城市和佛寺的代表布局形式。

8.1.2 佛寺內在因素

佛寺鐘鼓樓制度出現之前，鐘樓在佛寺內早就設立。唐代佛寺中已經存

在「鐘樓與經藏」布局。到了宋代，隨著輪藏建築的廣泛流行，「鐘樓與經藏」布局自然轉變到「鐘樓與輪藏」布局，然後此布局成為宋元禪寺最常見的布局手法之一。到了元末明初，鐘樓最後與鼓樓搭配，終於形成佛寺內「鐘樓與鼓樓」布局。

在中國佛寺發展過程中，元末明初的佛寺，處於由以樓閣建築為主的宋元禪寺轉變到以殿堂建築為主的明清佛寺的過渡階段。因此，佛寺布局有根本變化，隨著此趨勢，誕生了「鐘樓與鼓樓」對設布局。

8.2　佛寺鐘鼓樓的形成時期

雖然目前元代佛寺的鐘鼓樓布局難以考證，但是從韓國高麗末佛寺的鐘鼓樓布局來推測，在元末佛寺中應該存在鐘鼓樓對設布局。因此，佛寺鐘鼓樓對設制度的始建時期，應該推定於元代末期。

佛寺鐘鼓樓制度，元末開始之後，明代南京和北京佛寺中隨之普及和發展。從明初南京佛寺布局來看，鐘鼓樓對設格局還沒廣泛普及和定型。但是，從北京佛寺修建情況的分析來推測，北京佛寺大量修建的明代中期，應該為佛寺鐘鼓樓制度的確立時期。因此，佛寺鐘鼓樓對設制度的確立時期，應該推定於明代中期。

8.3　佛寺鐘鼓樓的建築形制與布局特徵

明代中期，隨著以北京為中心開展的佛寺鐘鼓樓制度的確立，鐘鼓樓的建築形制與布局方式隨之定型。從明清佛寺鐘鼓樓實物分析來看，明清鐘鼓樓最普遍的建築形制與布局特徵如下。

建築形制：2 層樓閣式建築；上層為木製障日板壁，下層為磚牆；上層面闊、進深各 1 間，下層面闊、進深各 3 間；屋頂形式為重簷歇山頂；上下層之間無設置欄杆。

布局特徵：兩樓單獨建立；位於第一進院落內兩側；位於山門和天王殿之間兩側。

8.4　中國與韓國佛寺鐘鼓樓比較

中國與韓國的佛寺鐘鼓樓布局，在元末明初（相當於韓國高麗末期）時，

大致一致，即兩國佛寺都採取鐘鼓樓對設布局。但從此以後，明清佛寺與韓國朝鮮佛寺之間有明顯的區別。

其最大的區別，則是鐘和鼓的設置方式。明清佛寺的鐘和鼓，各設置於東西對稱的鐘樓與鼓樓，即採取分置鐘鼓的方式。但是，朝鮮佛寺的鐘和鼓，一般設置於佛寺中軸線上或全寺西側的一座大樓閣（即鐘鼓樓），即採取合置鐘鼓的方式。

此外，朝鮮佛寺，在鐘鼓樓內，除了設置鐘鼓之外，還有設置雲版與木魚。這是與一般廂房檐下或迴廊內設置的雲版與木魚的中國佛寺有很大區別。

8.5　需要進一步開展的工作

中國佛寺鐘鼓樓，雖然元末明初開始建立，但是目前我們所見到實物，大部分為最近新修的建築。而且，佛寺鐘鼓樓，一般被認識為是佛寺中不太重要的建築，比較難以尋找關於佛寺鐘鼓樓的建立年代、歷史淵源等的相關資料。這是在本研究中的難點之一。

因此，未來需要進一步開展的工作，第一則是，為了解決上述的問題，需要建立中國佛寺鐘鼓樓的信息數據庫。然後，對於中國、韓國、日本等東亞佛寺的鐘鼓樓建築全面分析與比較。

最後，筆者作為一名留學生，由於在歷史文獻的收集、閱讀和分析等方面，存在一定的障礙，難以完全掌握所有的史料。這既是筆者在寫作過程中遇到的最大的遺憾，也是在今後的研究路程中需要努力解決的問題。

參考文獻

一、古籍文獻

1. 〔漢〕許慎撰、〔宋〕徐鉉校定，說文解字，北京：中華書局，1963。
2. 〔漢〕司馬遷撰，史記，北京：中華書局，2011。
3. 〔晉〕陳壽撰、栗平夫、武彰譯，三國志，北京：中華書局，2009。
4. 〔北魏〕楊衒之撰、周祖謨校譯，洛陽伽藍記校譯 2 版，北京：中華書局，2010。
5. 〔北魏〕酈道元著、陳橋驛校證，水經注校證，北京：中華書局，2007。
6. 〔梁〕慧皎撰、湯用彤校注，高僧傳，北京：中華書局，1992。
7. 〔北齊〕魏收，魏書，北京：中華書局，1974。
8. 〔唐〕釋道世撰、周叔迦、蘇晉仁校注，法苑珠林校注，北京：中華書局，2003。
9. 〔唐〕張彥遠撰、承載譯注，歷代名畫記全譯（修訂版），貴陽：貴州人民出版社，2008。
10. 〔唐〕段成式撰、方南生點校，酉陽雜俎，北京：中華書局，1981。
11. 〔唐〕韋述撰、辛德勇輯校，兩京新記輯校，西安：三秦出版社，2006。
12. 〔唐〕杜寶撰、辛德勇輯校，大業雜記輯校，西安：三秦出版社，2006。
13. 〔唐〕徐堅等著，初學記，北京：中華書局，1962（2005 重印）。
14. 〔宋〕孟元老撰、伊永文箋注，東京夢華錄箋注，北京：中華書局，2006。
15. 〔宋〕贊寧撰、范祥雍點校，宋高僧傳，北京：中華書局，1987。
16. 〔宋〕宗賾著、蘇軍點校，禪苑清規，鄭州：中州古籍出版社，2001。
17. 〔元〕德輝編、李繼武點校，敕修百丈清規，鄭州：中州古籍出版社，2011。

18. 〔明〕葛寅亮撰、何孝榮點校，金陵梵剎志，南京：南京出版社，2011。

19. 〔明〕李賢、彭時等纂修，大明一統志，文淵閣四庫全書電子版。

20. 〔清〕孫詒讓撰、王文錦、陳玉霞點校，周禮正義，北京：中華書局，2000。

21. 〔清〕于敏中等，欽定日下舊聞考，北京：北京古籍出版社，1983。

22. 鳩摩羅什等著，佛教十三經，北京：中華書局，2010。

23. 〔日〕成尋、王麗萍校點，新校參天台五臺山記，上海：上海古籍出版社，2009。

24. 〔高麗〕一然撰、李載浩譯，三國遺事，首爾：solbook，1997。

25. 〔高麗〕李穡，牧隱文稿（見於韓國儒經編纂中心網站 http://ygc.skku.edu）。

26. 〔朝鮮〕金守溫，拭疣集（見於韓國古典綜合數據庫網站 http://db.itkc.or.kr）。

27. 〔朝鮮〕曹偉，海印寺重修記（見於海印寺藏經版殿實測調查報告書，海印寺、文化財庭，2002：73）。

二、現代著作類文獻

1. 劉敦楨，中國古代建築史，第二版，北京：中國建築工業出版社，1984。

2. 傅熹年主編，中國古代建築史，第二卷，第二版，北京：中國建築工業出版社，2009。

3. 郭黛姮主編，中國古代建築史，第三卷，第二版，北京：中國建築工業出版社，2009。

4. 潘谷西主編，中國古代建築史，第四卷，第二版，北京：中國建築工業出版社，2009。

5. 孫大章主編，中國古代建築史，第五卷，第二版，北京：中國建築工業出版社，2009。

6. 蕭默主編，中國建築藝術史（上、下），北京：文物出版社，1999。

7. 蕭默，敦煌建築研究，北京：機械工業出版社，2002。

8. 趙樸初倡、周紹良主編，梵宮，中國佛教建築藝術，上海：上海辭書出版社，2006。

9. 曹昌智主編，中國建築藝術全集（12）·佛教建築（一）北方，北京：中國建築工業出版社，2000。

10. 丁承樸編著，中國建築藝術全集（13）·佛教建築（二）南方，北京：中國建築工業出版社，1999。

11. 孫大章、喻維國主編，中國美術全集·建築藝術編（4），宗教建築，北京：中國建築工業出版社，1988。

12. 傅熹年主編、中國美術全集編輯委員會，中國美術全集（5），繪畫編，

元代繪畫，北京：文物出版社，1989。

13. 陳明達，營造法式大木作研究，北京：文物出版社，1981。

14. 劉致平，中國建築類型及結構，第三版，北京：中國建築工業出版社，2000。

15. 王貴祥組編，中國古代建築基址規模研究，北京：中國建築工業出版社，2008。

16. 王其亨，風水理論研究，第二版，天津：天津大學出版社，2005。

17. 張馭寰，中國佛教寺院建築講座，北京：當代中國出版社，2007。

18. 張十慶，五山十刹圖與江南禪寺建築，南京：東南大學出版社，2000。

19. 張十慶，中國江南禪宗寺院建築，武漢：湖北教育出版社，2002。

20. 王媛，江南禪寺，上海：上海交通大學出版社，2009。

21. 龔國強，隋唐長安城佛寺研究，北京：文物出版社，2006。

22. 薛林平，中國佛教建築之旅，北京：中國建築工業出版社，2006。

23. 丁福保，佛學大辭典，上海：上海書店，1991。

24. 徐小蠻、王福康，中國古代插圖史，上海：上海古籍出版社，2007。

25. 蔣維喬，中國佛教史，上海：上海古籍出版社，2007。

26. 溫玉成，中國佛教與考古，北京：宗教文化出版社，2009。

27. 白化文，漢化佛教與佛寺，北京：北京出版社，2003。

28. 王建偉、孫儷，佛家法器，天津：天津人民出版社，2004。

29. 嚴昌洪、蒲亨強，中國鼓文化研究，廣西：廣西教育出版社，1997。

30. 庾華，鐘鈴象徵文化論，瀋陽：遼寧民族出版社，2004。

31. 北京文物精粹大系編委會編，北京文物精粹大系·古鐘卷，北京：北京出版社，1999。

32. 李路珂等編著，北京古建築地圖，上，北京：清華大學出版社，2009。

33. 張柏主編，全國重點文物保護單位：第一批至第五批，第一卷，北京：文物出版社，2004。

34. 敦煌文物研究所，中國石窟，敦煌莫高窟，第四卷，北京：文物出版社，1987。

35. 孫儒澗、孫毅華主編，敦煌石窟全集·建築畫卷，香港：商務印書館，2001。

36. 高文編著，四川漢代畫像磚，上海人民美術出版社，1987。

37. 河北省文物研究所編，河北古代墓葬壁畫，北京：文物出版社，2000。

38. 張慶瀾、羅玉平譯注，魯班經，重慶：重慶出版社，2007。

39. 陳耀東，魯班經匠家鏡研究——叩開魯班的大門，北京：中國建築工業出版社，2009。

40. 王劍英，明中都，北京：中華書局，1992。

41. 何孝榮，明代南京寺院研究，北京：中國社會科學出版社，2000。

42. 何孝榮，明代北京佛教寺院修建研究，天津：南開大學出版社，2007。

43. 辛南勇，隋唐兩京總考 2 版，西安：三秦出版社，2006。

44. 魏國祚編，顯通寺，北京：中國旅遊出版社，1985。

45. 清華大學建築學院、寧波保國寺文物保管所編著，東來第一山——保國寺，北京：文物出版社，2003。

46. 中國社會科學院考古研究所，北魏洛陽永寧寺，北京：中國大百科全書出版社，1996。

47. 建築文化考察組編，義縣奉國寺，天津：天津大學出版社，2008。

48. 政協洪洞縣文史資料研究委員會編，洪洞文史資料，第 9 輯，洪洞廣勝寺，1996。

49. 河北省古代建築保護研究所，昭化寺，北京：文物出版社，2007。

50. 山西省古建築保護研究所、柴澤俊，朔州崇福寺，北京：文物出版社，1996。

51. 山西省古建築保護研究所、柴澤俊、張丑良，繁峙岩山寺，北京：文物出版社，1990。

52. 河北省文物研究所編，安平東漢壁畫墓，北京：文物出版社，1990。

53. 北京文博交流館編，古剎智化寺，北京：北京燕山出版社，2005。

54. 妙有主編，戒臺寺旅游手冊，環球國際出版集團有限公司，2008。

55. 徐金星，洛陽白馬寺，北京：文物出版社，1985。

56. 王榮玉主編、靈嚴寺編輯委員會編，靈嚴寺，北京：文物出版社，1999。

57. 張鶴雲，山東靈嚴寺，山東人民出版社，1983。

58. 平遙縣文物管理所，雙林寺，北京：文物出版社，1984。

59. 陳公餘、任林豪，天台宗與國清寺，北京：中國建築工業出版社，1991。

60. 〔日〕小野勝年，中國隋唐長安‧寺院史料集成（史料篇），京都：法藏館，1989。

61. 〔韓〕朱南哲，韓國建築史，首爾：高麗大學出版部，2000。

62. 〔韓〕大韓建築學會，韓國建築史，首爾：技文堂，2003。

63. 〔韓〕金東旭，韓國建築의，歷史，首爾：技文堂，2007。

64. 〔韓〕金奉烈，韓國建築 이야기 3，首爾：돌베개，2006。

65. 〔韓〕許筠，佛教文化叢書 7，佛殿四物，首爾：大韓佛教振興院，2011。

66. 〔韓〕海印寺藏經版殿實測調查報告書，海印寺、文化財庭，2002。

67. 〔韓〕開心寺大雄殿修理實測報告書，文化財庭，2007。

68. 〔韓〕完州花岩寺極樂殿實測及修理報告書，文化財庭，2004。

69. 〔韓〕神勒寺祖師堂實測調查報告書，圖版，文化財庭，2005。

70. 〔韓〕金堤金山寺大藏殿精密實測報告書，文化財庭，2011。

71. 〔韓〕松廣寺重要木造建築物精密實測報告書（上），文化財庭，2007。

72. 〔韓〕通度寺大雄殿及舍利塔實測調查報告書，通度寺，1997。

三、論文類文獻

1. 梁思成，中國的佛教建築，清華大學學報，1961（02）。

2. 王世仁，記后土祠廟貌碑，考古，1963（05）。

3. 羅哲文、王世仁，佛教寺院：山西省古建築保護研究所編，中國古建築學術講座文集，北京：中國展望出版社，1986。

4. 羅哲文、王世仁，石窟寺：山西省古建築保護研究所編，中國古建築學術講座文集，北京：中國展望出版社，1986。

5. 羅哲文，中國古塔：山西省古建築保護研究所編，中國古建築學術講座文集，北京：中國展望出版社，1986。

6. 傅熹年，日本飛鳥奈良時期建築中所反映出的中國南北朝、隋唐建築特點，文物，1992（10）。

7. 宿白，東漢魏晉南北朝佛寺布局初探：田餘慶主編，慶祝鄧廣銘教授九十華誕論文集，石家莊：河北教育出版社，1997。

8. 宿白，試論唐代長安佛教寺院的等級問題，文物，2009（01）。

9. 宿白，隋代佛寺布局，考古與文物，1997（02）。

10. 郭黛姮，十世紀至十三世紀的中國佛教建築，建築史論文集，第 4 輯，北京：清華大學出版社，2001。

11. 張十慶，中日佛教轉輪經藏的源流與形制，建築歷史論文集，第 11 輯，1999。

12. 范培松，中國寺院形制及布局特點，考古與文物，2000（02）。

13. 戴儉，禪與禪宗寺院建築布局研究，華中建築，1996（03）。

14. 朱志剛、張中華，北京天寧寺鐘鼓樓遺址試掘簡報，文物春秋，2008（05）。

15. 何培斌，理想空間：唐道宣描述的中天竺祇洹寺，建築史論文集，第 16 輯，2002。

16. 朱永生，江南禪宗寺院的布局探討，古建園林技術，2007（02）。

17. 楊潤平，鐘樓和鼓樓研究隨筆，張家口職業技術學院學報，2003（03）。

18. 黃曄北、覃輝，鐘鼓樓的發展，山東建築大學學報，2008（02）。

19. 庾文，論先秦時期鐘的實用功能，西南民族大學學報，2004（05）。

20. 馬曉、周學鷹，汝州風穴寺懸鐘閣研究，全球視野下的中國建築遺產——第四屆中國建築史學國際研討會論文集（《營造》第四輯），2007。

21. 王山林，中州名剎風穴寺，文史知識，2010（11）。

22. 劉友恒，正定四塔名稱及創建年代考，文物春秋，1996（01）。

23. 劉友恒、聶連順，河北正定開元寺發現初唐地宮，文物，1995（06）。

24. 劉友恒、樊瑞平、杜平，近50年正定古建築維修中發現的文字題記初步研究，文物春秋，2006（01）。

25. 聶連順、林秀珍、袁毓傑，正定開元寺鐘樓落架和復原性修復（上），古建園林技術，1994（01）。

26. 李會智、高天，山西晉城青蓮寺史考，文物世界，2003（01）。

27. 孫榮芬，山西平遙慈相寺的建築特徵，文物春秋，2004（05）。

28. 宋文強，平順龍門寺歷史沿革考，文物世界，2010（03）。

29. 程恭讓，明代太監與佛教關係考述（下），首都師範大學學報（社會科學版），2002（04）。

30. 小野勝年，日唐文化關係中的諸問題，考古，1964（12）。

31. 趙貞，唐代長安城街鼓考，上海師範大學學報（哲學社會科學版），2006（03）。

32. 辛德勇，唐代都邑的鐘樓與鼓樓——從一個物質文化側面看佛道兩教對中國古代社會的影響，文史哲，2011（04）。

33. 安家瑤，唐長安西明寺遺址的考古發現，唐研究，第六卷，2000。

34. 史韶華，明代南京佛寺的基址規模與平面布局，中國古代建築基址規模研究，北京：中國建築工業出版社，2008。

35. 〔韓〕金聖雨，高句麗寺址를 中心으로 考察한 5세기前後 佛寺計劃의 變化，建築歷史研究，第5卷1號，1996。

36. 〔韓〕洪炳華、金聖雨，朝鮮時代寺刹建築에서 正門과 門樓의 配置關係變化，建築歷史研究，第18卷1號，2009。

37. 〔韓〕洪炳華、金聖雨，朝鮮時代寺刹에서 鐘樓配置計劃의 意味와 變化，韓國建築歷史學會，2008年，秋季學術發表大會論文集。

38. 〔韓〕金尚泰、朴彥坤，四天王寺의 密教的特性에 關한 研究，大韓建築學會論文文集，20卷4號，2004。

39. 〔日〕林謙三著、錢稻孫譯，梵鐘形態裏的印度要素，東亞樂器考，北京：人民音樂出版社，1996。

40. 〔日〕太田博太郎，南都六宗寺院の建築構成，日本古寺美術全集‧第二卷，法隆寺と斑鳩の古寺，集英社，1979。

41. 吳蒽，青海樂都瞿曇寺建築研究，天津大學碩士學位論文，1994。

42. 徐雄，唐宋時期汴梁（東京）相國寺形制發展歷程的研究，清華大學碩士學位論文，2004。

43. 徐玫，金陵梵刹志與明代南京寺院，東南大學碩士學位論文，2006。

44. 蘇金成，石家莊毗盧寺水陸畫研究，東南大學碩士學位論文，2006。

45. 史韶華，明代南京佛寺基址規模與建築布局研究，清華大學碩士學位論文，2007。

46. 王雪瑩，正定開元寺形制初探，清華大學碩士學位論文，2008。

47. 尚晉，七堂伽藍小考，清華大學碩士學位論文，2011。

四、網　頁

1. 佛教辭典網站 http://fodian.goodweb.cn

2. 大藏經在線閱讀 http://sutra.goodweb.cn

3. 漢典網 http://www.zdic.net

4. 山西省文物局官方網站 http://www.sxcr.gov.cn

5. 韓國古典綜合數據庫網站 http://db.itkc.or.kr

6. 韓國儒經編纂中心網站 http://ygc.skku.edu

7. 朝鮮王朝實錄網站 http://sillok.history.go.kr

附錄 A　圖片來源 [註1]

圖 1.1　本書基本框架

圖 2.1　鐘與鼓的象徵意義

圖 2.2　四川漢代畫像磚〈市肆〉

　　　　高文編著，四川漢代畫像磚，上海人民美術出版社，1987：圖版 22

圖 2.3　河北安平東漢壁畫墓〈建築圖〉（局部）

　　　　河北省文物研究所編，河北古代墓葬壁畫，北京：文物出版社，2000

圖 2.4　曹魏鄴城平面圖

　　　　劉敦楨，中國古代建築史（第二版），北京：中國建築工業出版社，1984：50

圖 2.5　唐長安太極宮平面圖（局部）

　　　　筆者改圖，原圖來源：傅熹年主編，中國古代建築史，第二卷，第二版，北京：中國建築工業出版社，2009：385

圖 2.6　唐長安城中的承天門

　　　　〔日〕小野勝年，中國隋唐長安・寺院史料集成（史料篇），京都：法藏館，1989：48

圖 2.7　北宋東京宮殿平面圖（局部）

　　　　筆者改圖，原圖來源：郭黛姮主編，中國古代建築史，第三卷，第二版，北京：中國建築工業出版社，2009：110

〔註 1〕沒有表示來源的圖片是自繪或自攝的。

〔日〕太田博太郎，南都六宗寺院の建築構成，日本古寺美術全集・第二卷，法隆寺と斑鳩の古寺，集英社，1979：92～96

圖 3.4　《關中創立戒壇圖經》南宋刻本附圖中「東鐘西經」布局
傅熹年主編，中國古代建築史，第二卷，第二版，北京：中國建築工業出版社，2009：506

圖 3.5　敦煌佛寺壁畫中的「鐘樓與經藏」對置布局
a. 盛唐第 217 窟北壁觀無量壽佛經變的佛寺
b. 中唐第 361 窟北壁藥師經變的佛寺
c. 晚唐第 85 窟北壁藥師經變的佛寺
蕭默，敦煌建築研究，北京：機械工業出版社，2002：41、57、63

圖 3.6　北宋咸平四年大相國寺中「東鐘西經」布局
徐雄，唐宋時期汴梁（東京）相國寺形制發展歷程的研究，清華大學碩士學位論文，2004：20

圖 3.7　韓國早期佛寺中的「鐘樓與經藏」布局
a. 高句麗定陵寺（427 年）
　〔韓〕朱南哲，韓國建築史，首爾：高麗大學出版部，2000：62
b. 統一新羅千軍里寺址（8 世紀初）
　〔韓〕大韓建築學會，韓國建築史，首爾：技文堂，2003：240
c. 統一新羅皇龍寺 3 次重建（754 年）
　〔韓〕朱南哲，韓國建築史，首爾：高麗大學出版部，2000：75

圖 3.8　日本早期佛寺中的「鐘樓與經藏」布局
a. 飛鳥寺（596 年）、
b. 四天王寺（6 世紀末）、
c. 法隆寺（607 年）
　〔日〕太田博太郎，南都六宗寺院の建築構成，日本古寺美術全集・第二卷 法隆寺と斑鳩の古寺，集英社，1979：92～96

圖 3.9　統一新羅四天王寺中的「東經西經」布局
　〔韓〕朱南哲，韓國建築史，首爾：高麗大學出版部，2000：124

圖 5.8　崇福寺鐘鼓樓

　　a. 崇福寺鐘鼓樓布局

　　　張柏主編，全國重點文物保護單位：第一批至第五批，第一卷，
　　　北京：文物出版社，2004：341

　　b. 崇福寺鼓樓（左）、鐘樓（右）

圖 5.9　雙林寺鐘鼓樓

　　a. 雙林寺鐘鼓樓布局

　　　平遙縣文物管理所，雙林寺，北京：文物出版社，1984

　　b. 雙林寺鼓樓（左）、鐘樓（右）

　　　網上資料 www.microfotos.com

圖 5.10　龍門寺鐘鼓樓

　　a. 龍門寺鐘鼓樓布局

　　　郭黛姮主編，中國古代建築史，第三卷，第二版，北京：中國
　　　建築工業出版社，2009：442

　　b. 龍門寺鼓樓（左）、鐘樓（右）

　　　黃文鎬攝

圖 5.11　南吉祥寺鐘鼓樓

　　a. 南吉祥寺鐘鼓樓布局

　　　北京清華城市規劃設計研究院提供

　　b. 南吉祥寺鐘鼓樓

　　　網上資料 chongshousi.blog.163.com

圖 5.12　慈相寺鐘鼓樓

　　a. 慈相寺鐘鼓樓布局

　　　孫榮芬，山西平遙慈相寺的建築特徵，文物春秋，2004（05）：
　　　28

　　b. 慈相寺鐘鼓樓

　　　百度百科

圖 5.13　資壽寺鐘鼓樓

　　a. 資壽寺鼓樓、b. 資壽寺鐘樓

　　　網上資料 blog.sina.com.cn/s/blog_647fcd980100mk94.html

圖 5.14　香嚴寺鐘鼓樓

　　a. 香嚴寺鐘鼓樓布局

2008：96

b. 奉國寺鐘亭

車周煥攝

圖 6.1　敦煌莫高窟，晚唐第 9 窟南壁《勞度叉斗聖變》中的鐘、鼓架

a. 鐘架、b. 鼓架

敦煌文物研究所，中國石窟，敦煌莫高窟，第四卷，北京：文物

出版社，1987：圖版 176、177

圖 6.2　敦煌莫高窟佛寺壁畫中的鐘樓

a. 盛唐第 217 窟北壁佛寺鐘臺、b. 中唐第 361 窟北壁佛寺鐘樓、

c. 中唐第 361 窟南壁佛寺鐘樓、d. 晚唐第 12 窟南壁佛寺鐘樓、

e. 晚唐第 85 窟北壁佛寺鐘樓、f. 晚唐第 8 窟西壁佛寺鐘樓

孫儒僴、孫毅華主編，敦煌石窟全集・建築畫卷，香港：商務印

書館，2001：122、191、204、205

圖 6.3　何山寺鐘樓

張十慶，五山十剎圖與南宋江南禪寺，南京：東南大學出版社，

2000：127

圖 6.4　《關中創立戒壇圖經》南宋刻本附圖中的鐘臺與經臺

傅熹年主編，中國古代建築史，第二卷，第二版，北京：中國建

築工業出版社，2009：506

圖 6.5　《金陵梵剎志》佛寺圖中的鐘樓

a. 靈谷寺、b. 報恩寺、c. 天界寺、d. 雞鳴寺、e. 棲霞寺、

f. 靜海寺、g. 弘覺寺、h. 清涼寺、i. 弘濟寺

〔明〕葛寅亮撰、何孝榮點校，金陵梵剎志，南京：南京出版社，

2011：92、320、480、522、184、368

圖 6.6　《魯班經》中的鐘樓圖

a. 《魯般營造正式》中的鐘樓圖

陳耀東，魯班經匠家鏡研究——叩開魯班的大門，北京：中國

建築工業出版社，2009：14

b. 清光緒二十年（1894 年）刊本《新刻京板工師雕鐫正式魯班

經匠家鏡》中的鐘樓記載及圖

徐小蠻、王福康，中國古代插圖史，上海：上海古籍出版社，2007：

314

264

c. 神勒寺中的梵鐘閣（1981 年）

〔韓〕神勒寺祖師堂實測調查報告書圖版，文化財庭，2005：
14

d. 金山寺中的梵鐘閣（1980 年代）

〔韓〕金堤金山寺大藏殿精密實測報告書，文化財庭，2011：
81

圖 7.6　《松廣寺圖》中的鐘閣

〔韓〕松廣寺重要木造建築物精密實測報告書（上），文化財庭，
2007：111

圖 7.7　佛殿四物的設置方式

a. 松廣寺鐘樓（左）與四物配置圖（右）

圖片：〔韓〕完州松廣寺鐘樓實測調查報告書，文化財庭，2000：
3；四物配置圖：自繪

b. 通度寺梵鐘樓（左）與四物配置圖（右）

圖片：〔韓〕通度寺大雄殿及舍利塔實測調查報告書，通度寺，
1997：35；四物配置圖：自繪

c. 神勒寺梵鐘閣（左）與四物配置圖（右）

圖片：網上資料 www.doopedia.co.kr；四物配置圖：自繪

d. 金山寺梵鐘閣（左）與四物配置圖（右）

圖片：網上資料 blog.naver.com/sweetmeat78；四物配置圖：自
繪

附錄 B　第一批至第五批的漢地佛寺鐘鼓樓現狀表

1. 第一批漢地佛寺

佛寺						鐘鼓樓		鐘樓						鼓樓			
名稱	建立時期	位置	與其他建築關係	對稱問題	佛寺內位置	門的功能	建築形制	屋頂形式	欄杆有無	層數	平面面闊*進深	通面闊	通進深	建立時期	平面面闊*進深	通面寬	通進深	建立時期
佛光寺	唐至清	山西省五臺縣																
獨樂寺	遼	河北省薊縣																
奉國寺	遼	遼寧省義縣	單獨建立	非對稱與碑亭對稱	鐘亭：大殿月臺上右側與碑亭對稱設置	無	一層亭子式	單簷攢尖頂	無	1	6角形	1.58	1.58	清代增建				
善化寺	遼、金	山西省大同市	單獨建立	對稱	大雄寶殿月臺上兩側	無	一層亭子式	單簷攢尖頂	無	1	6角形	?	?	明萬曆年間	6角形	?	?	明萬曆年間

寺名	年代	省	地點	對稱	與其他建築關係	有／無	位置	建築形式	屋頂形式	欄杆	層數	平面（上層／下層）	值	值	建造年代	平面（上層／下層）	值	值	建造年代
隆興寺	宋	河北省	正定縣																
保國寺	北宋	浙江省	寧波市	對稱	與廂房連接	無	天王殿和大殿之間兩側，中心院落的院牆外兩側	二層樓閣式 上層：木製障日板壁，兩面開窗 下層：正面的明間設扇門、次間開窗，其他部分為磚牆	重簷歇山頂	無	2	上層：1*1 下層：3*3	8.65	8.65	清嘉慶三年(1808)至十五年(1810)	上層：1*1 下層：3*2	8.55	4.25	清嘉慶三年(1808)至十五年(1810)
華嚴寺	遼、金、清	山西省	大同市	對稱	單獨建立	無	山門和普光明殿之間兩側	二層樓閣式 上層：明間設隔扇門，次間設隔扇窗，次間設木欄杆 下層：砌磚，正面開扇門	重簷十字歇山頂	木欄杆	2	上層：3*3 下層：3*3	?	?	2008年重新規劃時增建	上層：3*3 下層：3*3	?	?	2008年重新規劃時增建
				對稱	單獨建立	無	大雄寶殿月臺上兩側	一層亭子式	單簷攢尖頂	無	1	6角形	?	?	明代	6角形	?	?	明代
				對稱	單獨建立	無	薄伽教藏殿月臺上兩側	一層亭子式	單簷攢尖頂	無	1	6角形	?	?	?	6角形	?	?	?
白馬寺	金至清	河南省	洛陽市	對稱	與廂房連接	無	山門和天王殿之間兩側	二層樓閣式 上層：木製障日板壁，四面開窗 下層：砌磚，正面開拱門	重簷歇山頂	無	2	上層：1*1 下層：3*3	7.3	7.3	明代重建，現為1991年所建	上層：1*1 下層：3*3	7.3	7.3	明代重建，現為1991年所建
廣勝寺	元、明	山西省	洪洞縣	對稱	與前殿連接	有	廣勝下寺前殿（彌陀殿）兩側	二層樓閣式 上層：砌磚，只一面壁（鐘樓西壁、鼓樓東壁）開門，其他三面設開窗洞，只南面設磚砌欄杆 下層：砌磚，開南北方向的拱門	單簷十字歇山頂	磚砌欄杆	2	上層：1*1 下層：1*1	4.62	5.27	清乾隆二年(1737年)	上層：1*1 下層：1*1	4.62	5.27	清乾隆二年(1737年)
智化寺	明	北京市	東城區	對稱	單獨建立	無	山門和智化門（天王殿）之間兩側	二層樓閣式 上層：木製障日板壁，四面開窗 下層：砌磚，正面開拱門	重簷歇山頂	無	2	上層：1*1 下層：3*3	6.7	6.7	明正統九年(1444年)，1986年修復	上層：1*1 下層：3*3	6.75	6.7	明正統九年(1444年)，1986年修復

2. 第二批漢地佛寺

名稱	建立時期	位置	與其他建築關係	對稱問題	佛寺內位置	門的功能	建築形制	屋頂形式	欄杆有無	層數	鐘樓 平面面闊*進深	鐘樓 通面寬	鐘樓 進深	鐘樓 建立時期	鼓樓 平面面闊*進深	鼓樓 通面寬	鼓樓 通面深	鼓樓 建立時期
玉泉寺及鐵塔	宋	湖北省當陽縣																
泉州開元寺	宋至清	福建省泉州市																
靈巖寺	唐至清	山東省長清縣	單獨建立	對稱	天王殿和大雄寶殿之間兩側	無	二層樓閣式 上層：只有木構架，沒有牆及門窗，四面設磚砌欄杆透，四面設磚砌欄杆 下層：砌磚，正面開拱門	單簷歇山頂	磚砌欄杆	2	上層：1*1 下層：1*1	?	?	現為清代遺物	上層：1*1 下層：1*1	?	?	現為清代遺物
岩山寺	金	山西省繁峙縣	與東側院牆連接	非對稱 沒有鼓樓	有	鐘樓：全寺東側，伽藍殿的（後邊）（東邊）	二層樓閣式 上層：只有木構架，沒有牆及門窗，四面設木欄杆 下層：砌磚，開東西方向的拱門	單簷歇山頂	木欄杆	2	上層：1*1 下層：1*1	3.75	3.75	清道光、同治、光緒年間重建				
顯通寺	明至清	山西省五臺縣	單獨建立	非對稱 建築形制及位置不同	鐘樓：顯通寺牌坊與山門之間的路、山門的東側 鼓樓：山門的南側	鐘樓：有 鼓樓：無	鐘樓：二層樓閣式 上層：四面都設附屬房門、四周迴廊，作為寺院側門、四周迴廊 下層：中間開拱門，東西方向開側門 鼓樓：二層樓閣式 上層：木製障日板壁，四面開窗 下層：砌磚，正面開拱門	鐘樓：三層十字歇山頂 鼓樓：重簷歇山頂	鐘樓：木欄杆 鼓樓：無	2	上層：3*3 下層：3*3	?	?	?	上層：1*1 下層：3*3	?	?	?

3. 第三批漢地佛寺

佛寺 名稱	建立時期	位置	與其他建築關係	對稱問題	佛寺內位置	鐘 鼓 樓 門的功能	建築形制	屋頂形式	欄杆有無	層數	鐘樓 平面面闊*進深	鐘樓 通面寬	鐘樓 通進深	鐘樓 建立時期	鼓樓 平面面闊*進深	鼓樓 通面寬	鼓樓 通進深	鼓樓 建立時期
正定開元寺	唐至清	河北省正定縣	單獨建立	非對稱稱 與佛塔對稱	鐘樓：天王殿和法船正殿遺址之間右側	無	二層樓閣式 上層：明間設隔扇門，次間設隔扇窗，四面設木欄杆 下層：砌磚，正面開3個門	重簷 歇山頂	木欄杆	2	上層：3*3 下層：3*3	9.76	9.76	晚唐，1990重修				
法興寺	唐	山西省長子縣																
鳳穴寺	唐至清	河南省臨汝縣	單獨建立	非對稱稱 沒有鼓樓	天王殿和中佛殿之間左側	無	一層樓閣式 四面設隔扇門窗，置木欄杆	三簷 歇山頂	木欄杆	1	3*3	?	?	北宋宣和七年（1125年），明萬曆十二年（1584）和清乾隆六年（1741）兩次修葺				
青蓮寺	唐至清	山西省晉城市	單獨建立	非對稱稱 沒有鼓樓	中軸線右側 東路上 文昌閣兩側	無	一層樓閣式 砌磚，正面開門，兩側開圓窗	重簷 歇山頂	無	1	3*3	?	?	金大定七年（1167年），現在清代結構，1988年重修				
			與天王殿兩側門連接 鐘鼓樓南牆各與東、西披閣連接	對稱	天王殿兩側	無	三層磚樓式 一層：北面開一門兩窗 二層：北面開三窗 三層：南、北面都開三窗	單簷 歇山頂	無	3	長方形	?	?	1980年重建	長方形	?	?	1986年重建
鑽國寺	五代至清	山西省平遙縣	與天王殿兩側門連接	對稱	天王殿兩側	無	一層樓閣式 上部：只有木構架，沒有門窗，四面通透，西面設磚砌欄杆	單簷 懸山頂	磚砌欄	1	1*1	?	?	1983年重修	1*1	?	?	1983年重修

名稱	建立時期	位置	與其他建築關係	名稱	建立時期	位置	與其他建築關係	名稱	建立時期	位置	與其他建築關係	位置	名稱	建立時期	與其他建築關係	位置	名稱	建立時期
大雲院	五代至清	山西省平順縣									下部：磚砌，側面（鐘樓西壁、鼓樓東壁）開門							
崇福寺	金	山西省朔縣	單獨建立	對稱	金剛殿和天佛閣之間兩側	無	二層樓閣式　上層：木製障日板壁，四面開門，四面設木欄杆　下層：砌磚，正面設門扇	單簷歇山頂	木欄杆	2	上層：1*1　下層：1*1	4.1	4.1	明洪武十六年（1383年）至二十年（1387年）	上層：1*1　下層：1*1	4.1	4.1	明洪武十六年（1383年）至二十年（1387年）
法海寺	明	北京市石景山區																
雙林寺	明	山西省平遙縣	單獨建立	對稱	天王殿和大雄寶殿之間的釋迦殿兩側	無	二層樓閣式　上層：只有木構架，沒有牆及門窗，四面通透，四面設磚砌欄杆　下層：砌磚，正面開拱門	單簷歇山頂	磚砌欄杆	2	上層：1*1　下層：1*1	?	?	?	上層：1*1　下層：1*1	?	?	?

4. 第四批漢地佛寺

佛寺				鐘樓				鼓樓				鐘			鼓		
名稱	建立時期	位置	與其他建築關係	名稱	建立時期	位置	與其他建築關係	名稱	建立時期	位置	與其他建築關係	位置	名稱	建立時期	位置	名稱	建立時期
龍門寺	五代—清	山西省平順縣	單獨建立	對稱	大雄寶殿左右兩側	無	一層樓閣式　東、西、北三面砌磚，兩側開八角形窗	單簷卷棚頂	無	1	1*1	清光緒七年（1881年）	1*1	3.66（4.58）	3.43	清光緒七年（1881年）	3.67	3.54	2000年以後復原
戒臺寺	遼—清	北京市門頭溝區	單獨建立	對稱	山門和天王殿之間兩側	無	二層樓閣式　上層：木製障日板壁，四面開窗　下層：砌磚，正面開拱門	重簷歇山頂	無	2	上層：1*1　下層：3*3	明正統十二年（1447年），2007年維修	5.82（4.54）	5.83（4.56）	明正統十二年（1447年），2007年維修	5.82（4.54）	5.86（4.58）	明正統十二年（1447年），2007年維修

寺名	朝代	地點	建立方式	對稱性	位置	連廊	建築形制	屋頂形式	層數	平面	尺寸	尺寸	年代	平面	尺寸	尺寸	年代
閣院寺	遼	河北省淶源縣															
開善寺	遼	河北省高碑店市															
崇慶寺	宋	山西省長子縣															
北吉祥寺	宋－清	山西省陵川縣															
南吉祥寺	宋－清	山西省陵川縣	與山門兩側側門連接	對稱	山門兩側	無	二層樓閣式	單簷懸山頂	2	長方形	5.5	5.2	?	長方形	5.5	5.2	?
龍興寺	宋－清	湖南省沅陵縣															
延福寺	元	浙江省武義縣															
毘盧寺	明	河北省石家莊市	單獨建立	對稱	釋迦殿和毘盧殿之間兩側	無	二層樓閣式 上層：砌磚，四面開窗 下層：砌磚，正面開拱門	單簷懸山頂	2	上層：1*1 下層：1*1	?	?	明弘治八年（1495年），明萬曆四十三年（1615年）重修，1988年重建	上層：1*1 下層：1*1	?	?	明弘治八年（1495年），明萬曆四十三年（1615年）重修，1988年重建
覺生寺	清	北京市海淀區	非對稱 沒有鐘鼓樓		鐘樓：全寺中軸線上的最後	無	二層樓閣式 上層：圓形扇窗一周 下層：方形，平面3間x3間，在南、北面明間設隔扇門，次間身砌磚窗，在東、西面砌磚	重簷攢尖頂	2	上層：圓形 下層：方形 3*3	?	?	清雍正十一年（1733年）				
			單獨建立	對稱	山門和天王殿之間兩側	無	二層樓閣式 上層：木製嵌日板壁，四面開窗 下層：砌磚，前後開拱門，兩側面開窗	重簷歇山頂	2	上層：1*1 下層：3*3	5.85	5.85	?	上層：1*1 下層：3*3	5.85	5.86	?

5. 第五批漢地佛寺

佛寺				鐘鼓樓				樓				鐘樓				鼓樓			
名稱	建立時期	位置	與其他建築關係	名稱	位置	建立時期	與其他建築關係	與其他建築關係	名稱	建立時期	位置	與其他建築關係	名稱	建立時期	位置	與其他建築關係	名稱	建立時期	位置
潭柘寺	清	北京市門頭溝區	與天王殿兩側的院牆連接	對稱	天王殿兩側	無	無	二層樓閣式 上層：木製障日板壁，四面開窗 下層：砌磚，正面開拱門	重簷 歇山頂	無	2	上層：1*1 下層：3*3	5.62	5.64	?	上層：1*1 下層：3*3	5.58	5.6	
法源寺	清	北京市宣武區	單獨建立	對稱	山門和天王殿之間兩側	無	無	二層樓閣式 上層：木製障日板壁，四面開窗 下層：砌磚，正面開拱門，兩側面開圓窗	重簷 歇山頂	無	2	上層：1*1 下層：3*3	6.7	6.68	正統二年（1437年）至正統三年（1438年）之間	上層：1*1 下層：3*3	6.69	6.68	正統二年（1437年）至正統三年（1438年）之間
碧雲寺	明、清	北京市海淀區	與院牆側面面連接	對稱	山門和彌勒殿之間兩側	無	無	二層樓閣式 上層：木製障日板壁，四面開窗 下層：砌磚，正面開拱門，後面開窗	重簷 歇山頂	無	2	上層：1*1 下層：3*3	6.46	6.47	?	上層：1*1 下層：3*3	6.48	6.49	?
大覺寺	明	北京市海淀區																	
十方普覺寺	明至清	北京市海淀區	單獨建立	對稱	琉璃牌坊和山門之間兩側	無	無	二層樓閣式 上層：木製障日板壁，四面開窗 下層：砌磚，正面開拱門，兩側面開窗	重簷 歇山頂	無	2	上層：1*1 下層：3*3	5.61	5.62	?	上層：1*1 下層：3*3	5.63	5.6	?
昭化寺	明	河北省懷安縣																	
釋迦寺	元、明	河北省蔚縣																	
正覺寺	金至明	山西省長治縣																	

寺名	年代	地點	與主體關係	對稱	位置	有/無	建築形制	屋頂	欄杆	層數						
龍岩寺	金、明	山西省陵川縣														
淳化寺	金	山西省平順縣														
慈相寺	北宋至清	山西省平遙縣	與前殿連接	對稱	前殿兩側	有	二層樓閣式 上層：設有東西磚牆，南北沒有牆及門窗，南面設磚砌欄杆 下層：砌磚，南北兩面開拱門	單簷懸山頂	磚砌欄杆	2	上層：1*1 下層：1*1	?	清嘉慶十五年(1810年)	上層：1*1 下層：1*1	?	清嘉慶十五年(1810年)
大悲院	宋、金	山西省曲沃縣														
沁縣 大雲院	宋至清	山西省沁縣														
資壽寺	明	山西省靈石縣	與天王殿連兩側門接	對稱	天王殿兩側	無	二層樓閣式 上層：只有木構架，四面通透、四面設磚砌欄杆 下層：砌磚、南北兩面開拱窗、側面（鐘樓西壁、鼓樓東壁）開門	單簷十字歇山頂	磚砌欄杆	2	上層：1*1 下層：1*1	?	?	上層：1*1 下層：1*1	?	?
清涼寺	元	山西省芮城縣														
洪福寺	金	山西省定襄縣														
洪濟院	金至清	山西省武鄉縣														
武鄉縣 大雲寺	宋至清	山西省武鄉縣														
香嚴寺	金至明	山西省柳林縣	單獨建立	對稱	天王殿兩側	無	二層樓閣式 上層：只有木構架，四面通透、四面設木欄杆及12個擎木簷柱 下層：只有木構架，四面通透、有牆及門窗	重簷十字歇山頂	木欄杆	2	上層：1*1 下層：3*3	?	?	上層：1*1 下層：3*3	?	?

寺名	年代	地點	單獨建立	對稱	位置	形制	有無	屋頂	欄杆	層數	開間				開間			
渾源永安寺	元	山西省渾源縣	單獨建立	對稱	天王殿和傳法正宗殿（大雄寶殿）之間兩側	二層樓閣式 上層：只有木構架，沒有牆及門窗，四面通透，四周設木欄杆 下層：中間砌磚，正面開拱門，四周迴廊	無	重簷歇山頂	木欄杆	2	上層：1*1 下層：3*3	？	？	？	上層：1*1 下層：3*3	？	？	？
太陰寺	金	山西省絳縣																
安國寺	明	山西省離石市	與銅塔樓兩側的院牆連接	對稱	銅塔樓兩側	二層樓閣式	有	單簷歇山頂	磚砌欄杆	2	上層：1*1 下層：3*3	？	？	？	上層：1*1 下層：3*3	？	？	？
崇明寺	北宋至明	山西省高平市																
開化寺	北宋至清	山西省高平市	與大悲閣兩側的院牆連接	對稱	大悲閣兩側	二層樓閣式 上層：只有木構架，沒有牆及門窗，四面通透 下層：砌磚，北面開拱門	無	單簷十字歇山頂	磚砌欄杆	2	上層：1*1 下層：1*1	？	？	2004 年復建	上層：1*1 下層：1*1	？	？	2004 年復建
遊仙寺	北宋至清	山西省高平市																
定林寺	元至清	山西省高平市	與山門兩側門連接	對稱	山門（觀音閣）兩側	三層磚樓式 一層：北面開門 二、三層：南面開二窗，鼓樓三層北面開窗	無	單簷懸山頂	無	3	長方形	5.8	4.5	？	長方形	5.4	4.5	？
福勝寺	元、明	山西省新絳縣	單獨建立	對稱	天王殿兩側	二層樓閣式 上層：磚砌，四面開窗，四面設木欄杆 下層：磚砌，鼓樓設磚樓西壁，鐘樓東壁（鐘）開側面、側面（鐘）拱門	無	單簷歇山頂	磚砌欄杆	2	上層：1*1 下層：1*1	？	？	？	上層：1*1 下層：1*1	？	？	？
青龍寺	元	山西省稷山縣																
原起寺	宋	山西省潞城市																
廣濟寺古建築群	遼至清	遼寧省錦州市																

國清寺	清	浙江省天台縣	與廂房連接	彌勒殿與雨花殿（天王殿）之間兩側	二層樓閣式 上層：木製隔日板壁，四面開窗 下層：砌磚，正面開拱門	重簷歇山頂	無	2	上層：1*1 下層：3*3	約6	約6	?	上層：1*1 下層：3*3	約6	約6	?
			對稱	無												
大明寺	元至清	河南省濟源市														
慈勝寺	元	河南省溫縣														
會善寺	元至清	河南省登封市														
韓城普照寺	元	陝西省韓城市														

附錄 C　中國漢地佛寺平面圖

1. 考古發掘的佛寺平面圖

北魏大同方山思遠寺遺址

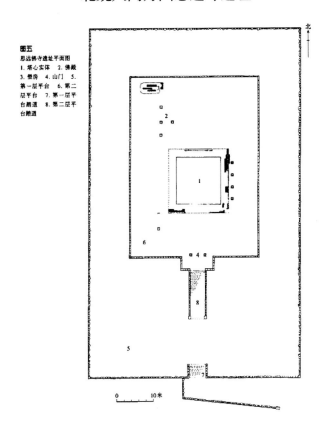

（來源：大同市博物館，大同北魏方山思遠佛寺遺址發掘報告，文物，
2007（04）：7）

北魏龍城思燕佛圖遺址

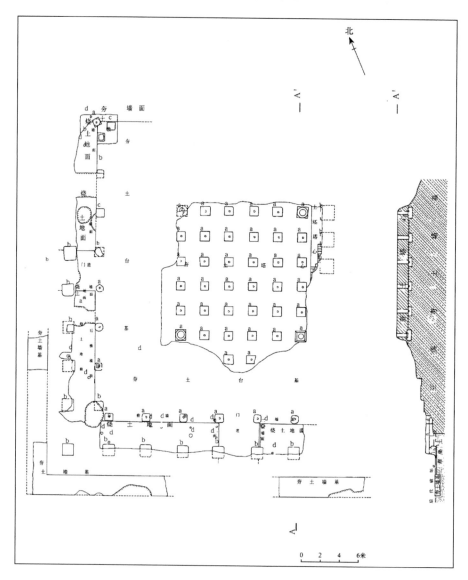

（來源：遼寧省文物考古研究所，朝陽市北塔博物館，朝陽北塔：考古發掘與維修工程報告，北京：文物出版社，2007：8）

北魏洛陽永寧寺遺址

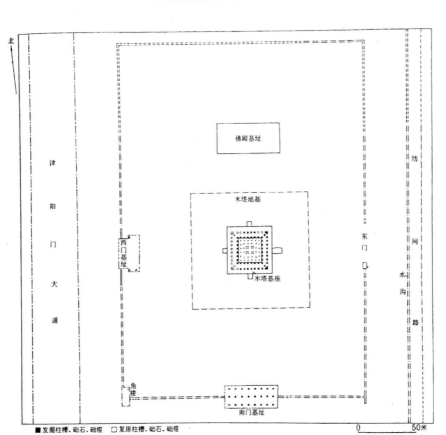

（來源：中國社會科學院考古研究所，北魏洛陽永寧寺，中國大百科
全書出版社，1996：7）

東魏北齊趙彭城佛寺遺址

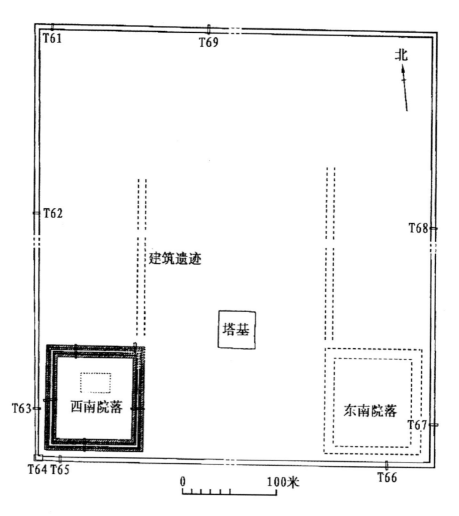

（來源：中國社會科學院考古研究所，河北省文物研究所，河北臨漳縣鄴城遺址趙彭城北朝佛寺遺址的勘探與發掘，考古，2010（07）：32）

隋唐青龍寺遺址

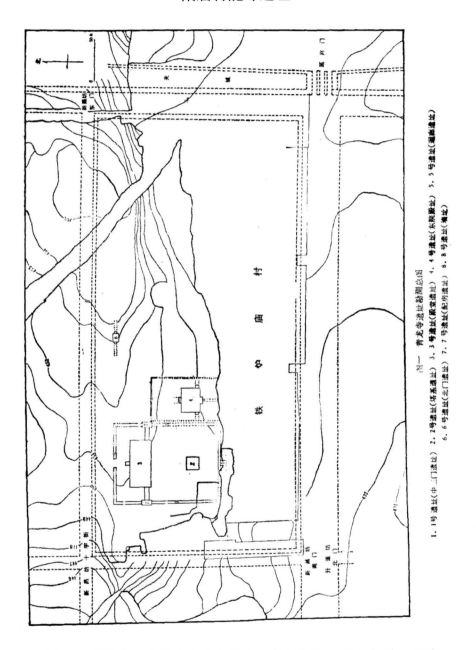

（來源：馬得志，唐長安青龍寺遺址，考古學報，1989（02）：232）

唐長安西明寺遺址

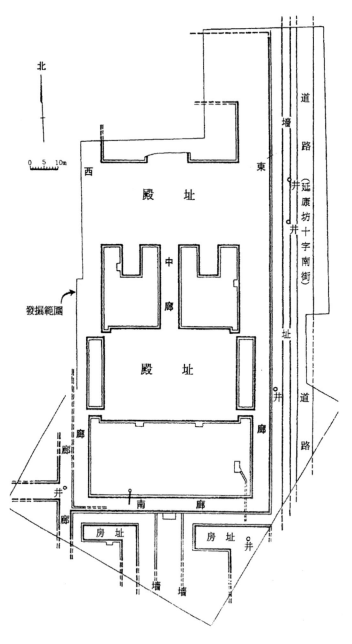

（來源：安家瑤，唐長安西明寺遺址的考古發現，唐研究，第六卷，
2000：350）

2. 文獻及圖像資料中的佛寺平面圖

《關中創立戒壇圖經》南宋刻本附圖

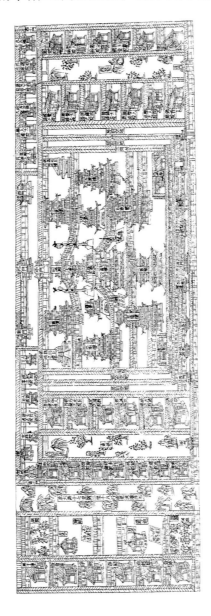

（來源：傅熹年主編，中國古代建築史，第二卷，第二版，北京：中
國建築工業出版社，2009：506）

據《關中創立戒壇圖經》所繪佛院平面示意圖

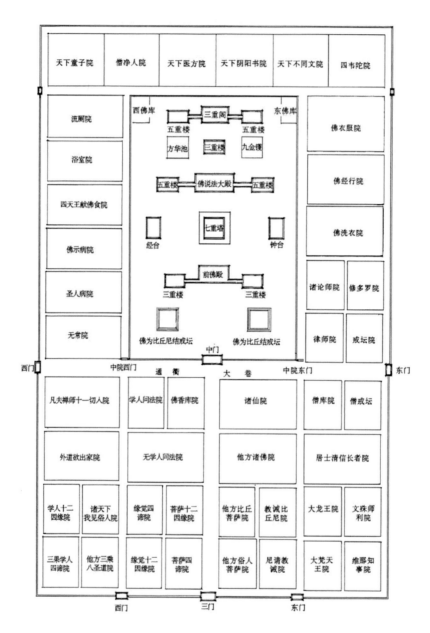

（來源：傅熹年主編，中國古代建築史，第二卷，第二版，北京：中國建築工業出版社，2009：508）

據《中天竺舍衛國祇洹寺圖經》所繪佛院平面示意圖

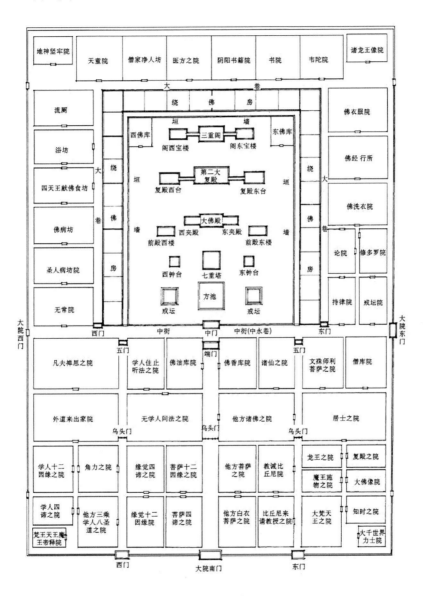

（來源：傅熹年主編，中國古代建築史，第二卷，第二版，北京：中國建築工業出版社，2009：507）

南宋天童寺

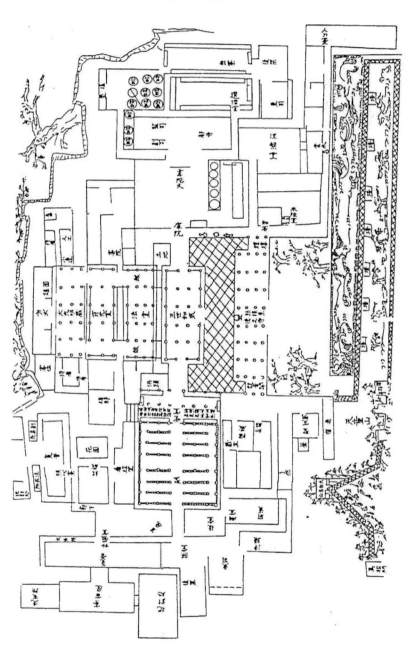

（來源：張十慶，五山十剎圖與南宋江南禪寺，南京：東南大學出版
社，2000：114）

南宋靈隱寺

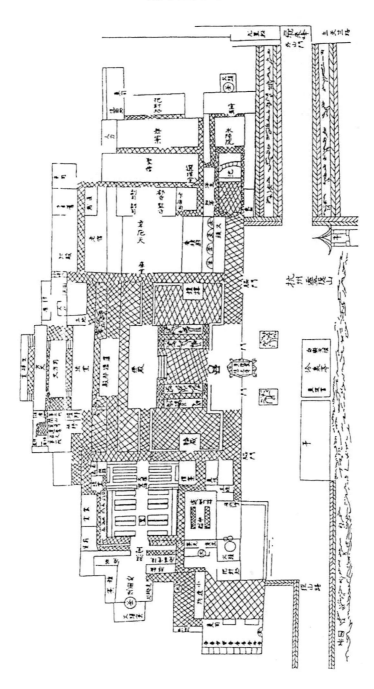

（來源：張十慶，五山十剎圖與南宋江南禪寺，南京：東南大學出版
社，2000：115）

南宋萬年寺

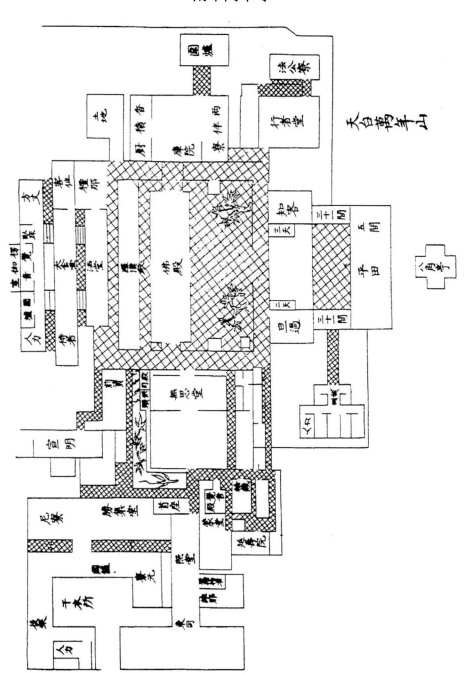

（來源：張十慶，五山十剎圖與南宋江南禪寺，南京：東南大學出版
社，2000：116）

大剎──靈谷寺

（來源：〔明〕葛寅亮撰、何孝榮點校，金陵梵剎志，南京：南京出版社，2011）

大剎──報恩寺

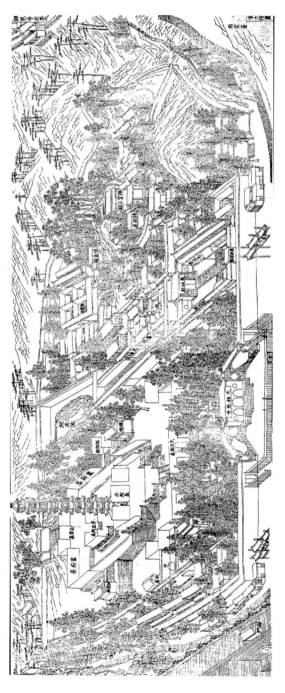

（來源：〔明〕葛寅亮撰、何孝榮點校，金陵梵剎志，南京：南京出版社，2011）

大剎——天界寺

（來源：〔明〕葛寅亮撰、何孝榮點校，金陵梵剎志，南京：南京出版社，2011）

次大剎──雞鳴寺

（來源：〔明〕葛寅亮撰、何孝榮點校，金陵梵剎志，南京：南京出版社，2011）

次大剎──能仁寺

（來源：〔明〕葛寅亮撰、何孝榮點校，金陵梵剎志，南京：南京出
版社，2011）

次大剎——棲霞寺

（來源：〔明〕葛寅亮撰、何孝榮點校，金陵梵刹志，南京：南京出
版社，2011）

次大剎──靜海寺

（來源：〔明〕葛寅亮撰、何孝榮點校，金陵梵剎志，南京：南京出
版社，2011）

次大刹──弘覺寺

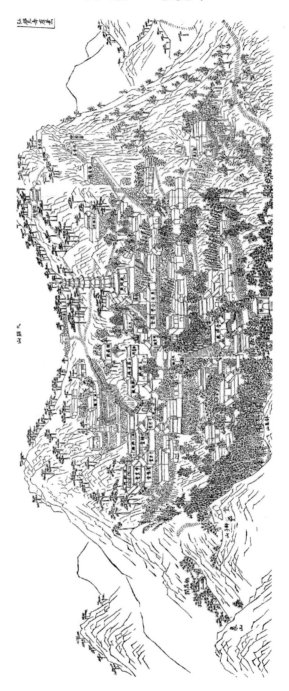

（來源：〔明〕葛寅亮撰、何孝榮點校，金陵梵刹志，南京：南京出
版社，2011）

中剎——清涼寺

（來源：〔明〕葛寅亮撰、何孝榮點校，金陵梵刹志，南京：南京出版社，2011）

中刹──弘濟寺

（來源：〔明〕葛寅亮撰、何孝榮點校，金陵梵刹志，南京：南京出
版社，2011）

3. 全國重點文物保護單位中的漢地佛寺平面圖
（第一批至第五批）

佛光寺平面圖

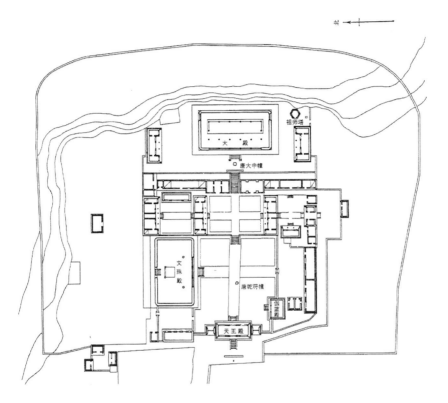

（來源：張柏主編，全國重點文物保護單位：第一批至第五批，第一卷，北京：文物出版社，2004：307）

獨樂寺平面圖

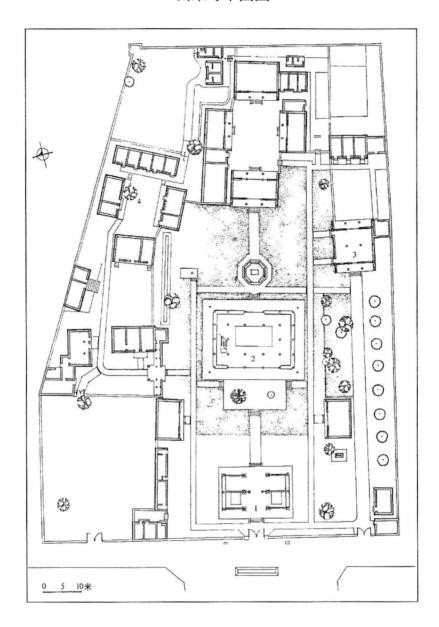

（來源：郭黛姮主編，中國古代建築史，第三卷，宋、遼、金、西夏
建築，2版，北京：中國建築工業出版社，2009：282）

奉國寺平面圖

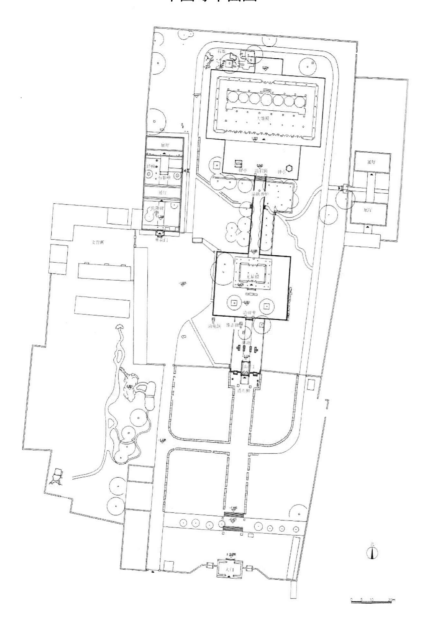

（來源：建築文化考察組編，義縣奉國寺，天津：天津大學出版社，
2008：96）

善化寺平面圖

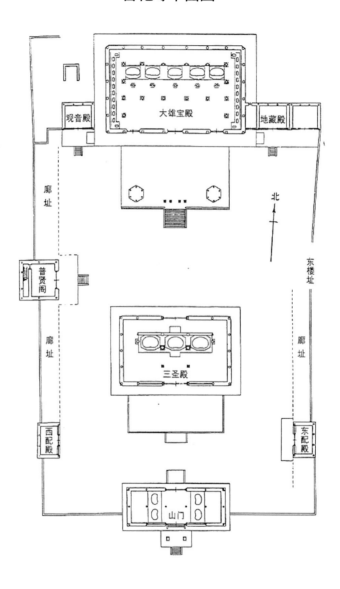

（來源：張柏主編，全國重點文物保護單位：第一批至第五批，第一
卷，北京：文物出版社，2004：314）

隆興寺平面圖

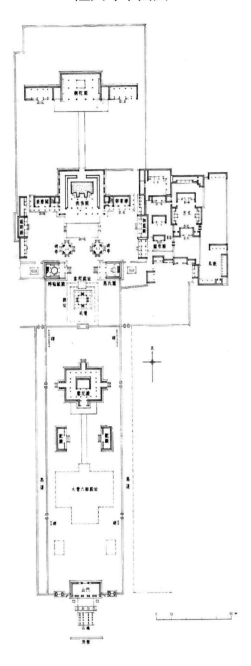

（來源：劉敦楨主編，中國古代建築史（第二版），北京：中國建築
工業出版社，1984：203）

保國寺平面圖

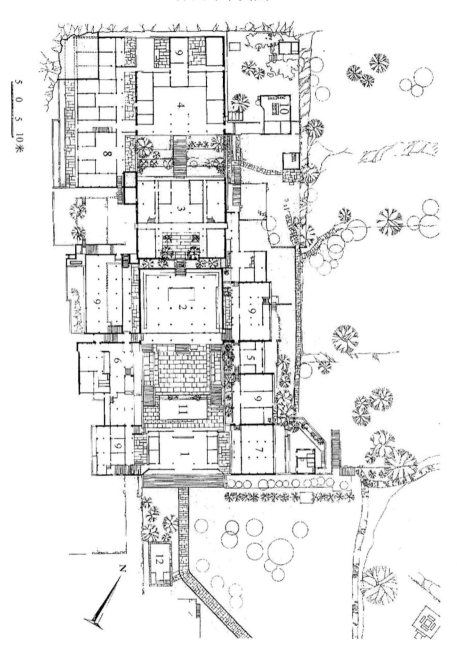

（來源：郭黛姮主編，中國古代建築史，第三卷，2版，北京：中國
建築工業出版社，2009：312）

華嚴寺平面圖

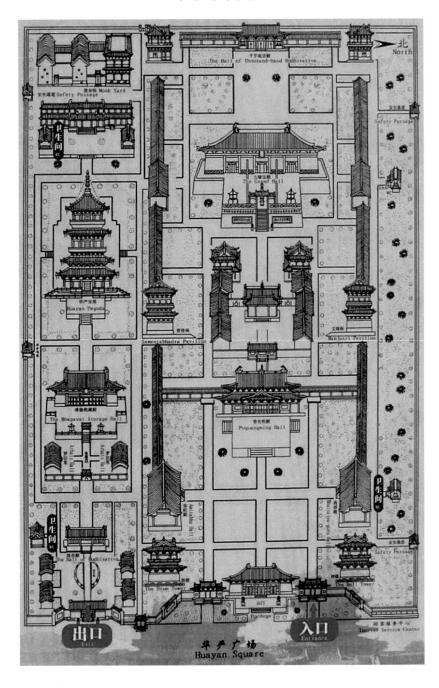

（來源：自攝）

白馬寺平面圖

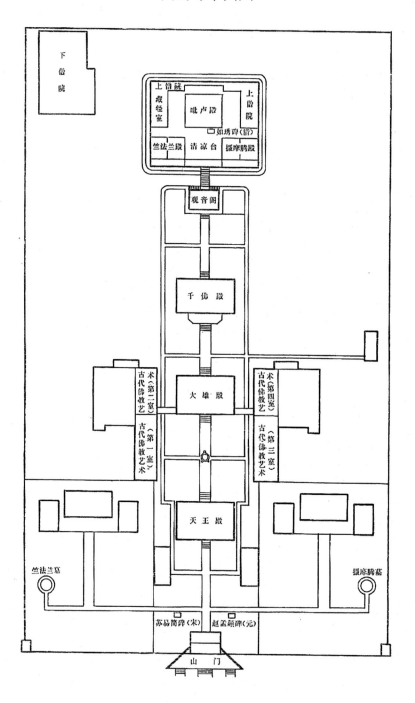

（來源：白馬寺漢魏故城文物保管所，白馬寺，文物出版社，1980）

廣勝上寺平面圖

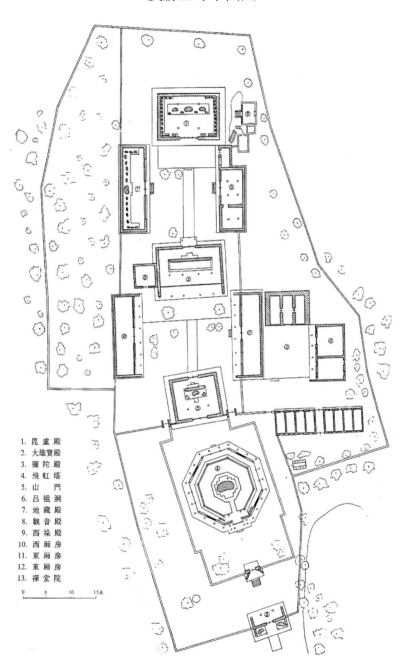

1. 昆盧殿
2. 大雄寶殿
3. 彌陀殿
4. 飛虹塔
5. 山　門
6. 呂祖洞
7. 地藏殿
8. 觀音殿
9. 西朶殿
10. 西廂房
11. 東廂房
12. 東廂房
13. 禪堂院

（來源：柴澤俊、任毅敏，洪洞廣勝寺，北京：文物出版社，2006：168）

廣勝下寺和水神廟平面圖

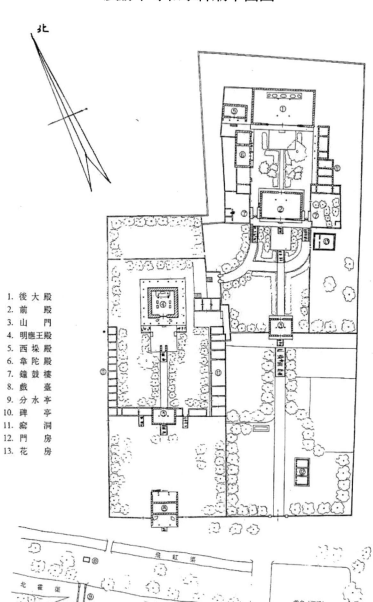

1. 後　大　殿
2. 前　　　殿
3. 山　　　門
4. 明應王殿
5. 西　垛　殿
6. 韋　陀　殿
7. 鐘　鼓　樓
8. 戲　　臺　亭
9. 分　水　亭
10. 碑　　　亭
11. 窰　洞　房
12. 門　　　房
13. 花　　　房

（來源：柴澤俊、任毅敏，洪洞廣勝寺，北京：文物出版社，2006：
187）

智化寺平面圖

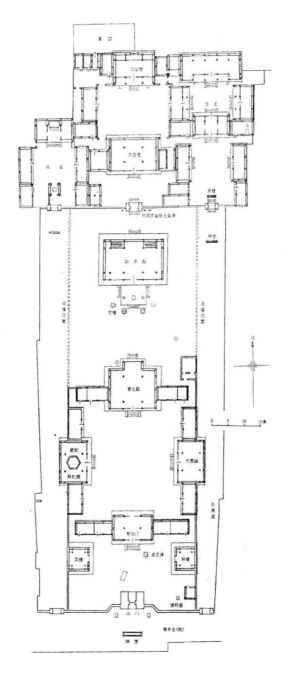

（來源：潘谷西主編，中國古代建築史，第 4 卷，2 版，北京：中國
建築工業出版社，2009：330）

泉州開元寺平面

（來源：丁承樸編著，中國建築藝術全集（13），佛教建築（二）南
方，北京：中國建築工業出版社，1999：42）

靈巖寺平面圖

灵岩寺示意图

北

建筑物
遗　　址
挡土墙
台　阶
桥　涵
围　墙

松风阁址　般舟殿址　方丈院　御书阁　卓锡泉　汉柏

塔西院　辟支塔　千佛殿　镜池　驻跸亭址　茶社　双鹤泉

龙藏殿址　弥勒殿址　五花殿址　孔雀明王殿址

十王殿　摩顶松　韦陀院　转轮藏址

西去墓塔林　观音堂　大雄宝殿　东厢房　山门

招待所　鲁班洞　西厢房　鼓　钟　东厢房

雍正八年洪公墓志　厕　天王殿

聚善桥　山门　大灵岩寺碑

蓬莱　烟台　德州　济南　张店　潍坊　青岛　灵岩寺　万德　泰安　兖州　山东省　菏泽　枣庄　灵岩寺位置图

证盟殿　白云洞　乾隆行宫遗址　一线天　朗公石　滴水崖　明孔山　灵岩寺名胜分布图

（來源：張鶴雲，山東靈巖寺，山東人民出版社，1983）

岩山寺平面圖

（來源：柴澤俊、張丑良，繁峙岩山寺，北京：文物出版社，1990：33）

顯通寺平面圖

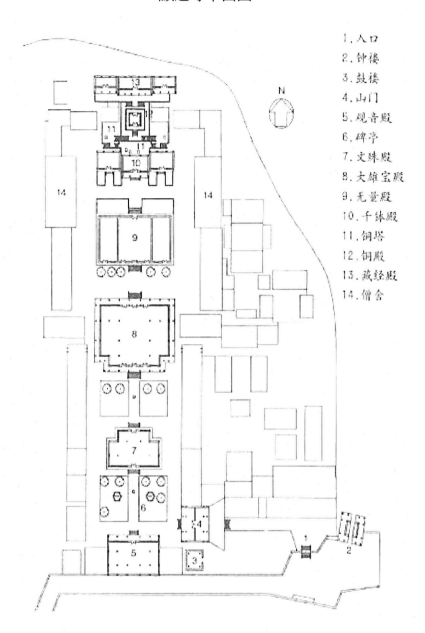

1. 入口
2. 钟楼
3. 鼓楼
4. 山门
5. 观音殿
6. 碑亭
7. 文殊殿
8. 大雄宝殿
9. 无量殿
10. 千钵殿
11. 铜塔
12. 铜殿
13. 藏经殿
14. 僧舍

（來源：北京清華城市規劃設計研究院提供）

正定開元寺平面圖

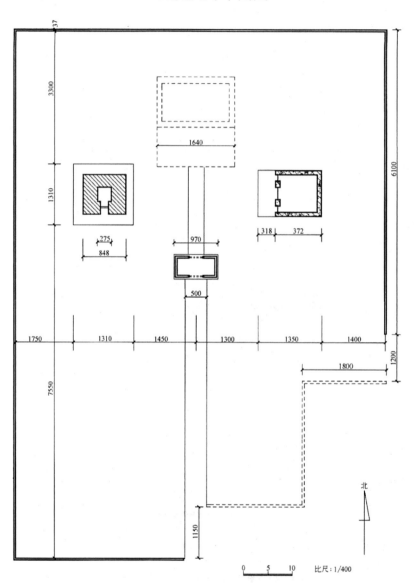

（來源：陳國瑩，開元寺鐘樓的木結構反映出唐晚期建築的做法，古
建築保護與研究，北京：知識產權出版社，2006：195）

青蓮寺平面圖

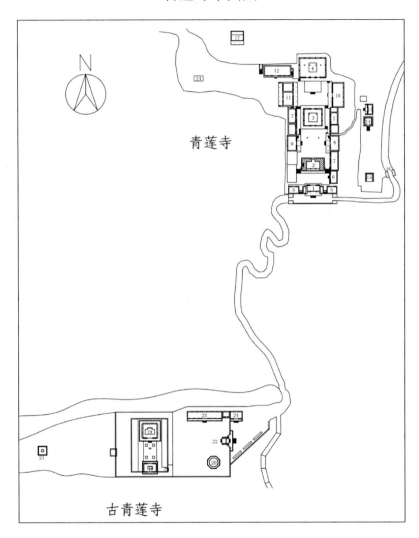

（來源：北京清華城市規劃設計研究院提供）

法興寺平面圖

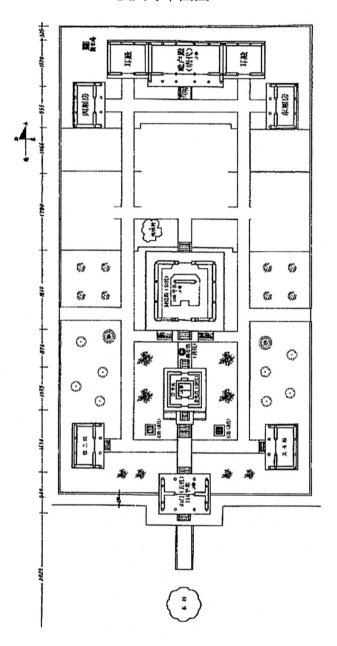

（來源：北京清華城市規劃設計研究院提供）

大雲院平面圖

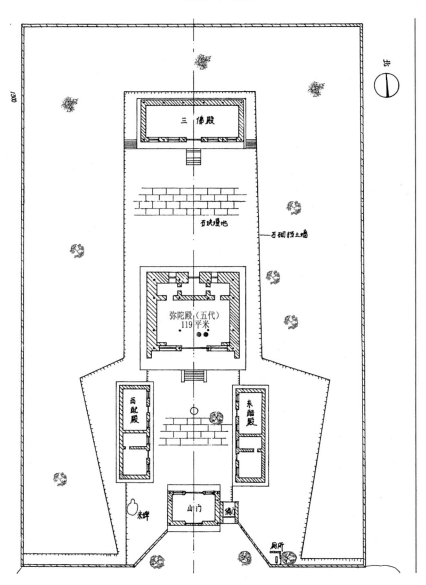

（來源：北京清華城市規劃設計研究院提供）

鎮國寺平面圖

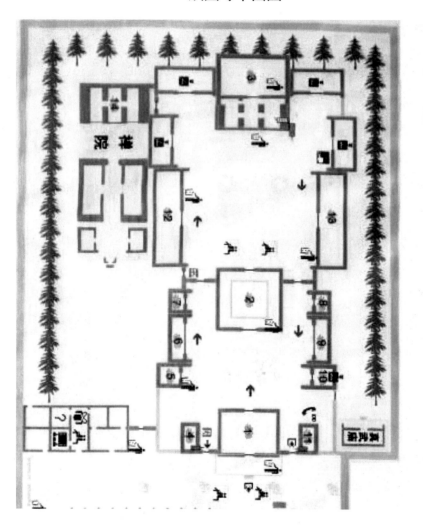

（來源：車周煥攝）

雙林寺平面圖

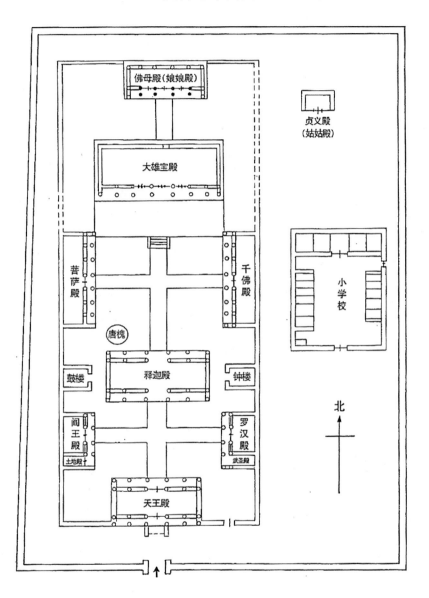

（來源：馬元浩，佛教美術全集 3・雙林寺彩塑佛像，北京：文物出
版社，2009：16）

崇福寺平面圖

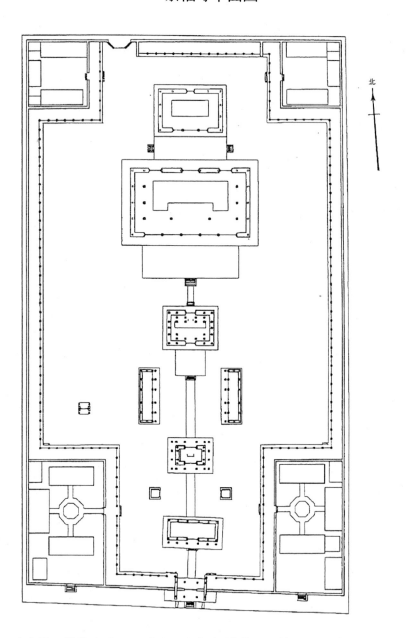

（來源：張柏主編，全國重點文物保護單位：第一批至第五批，第一卷，北京：文物出版社，2004：341）

龍門寺平面圖

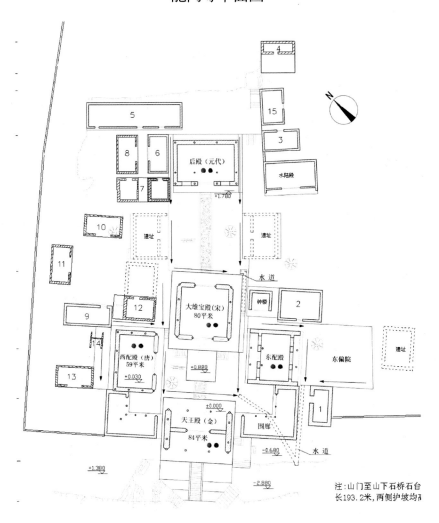

（來源：北京清華城市規劃設計研究院提供）

戒臺寺平面圖

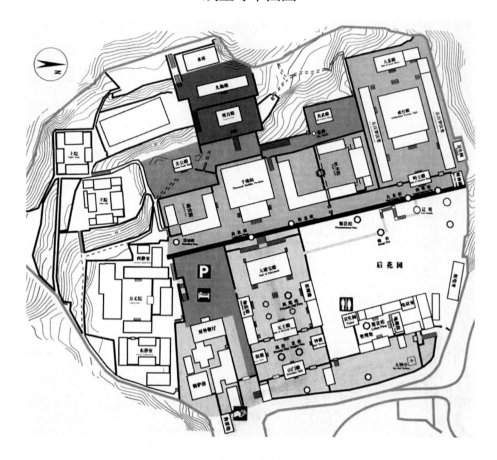

（來源：自攝）

重慶寺前寺平面圖

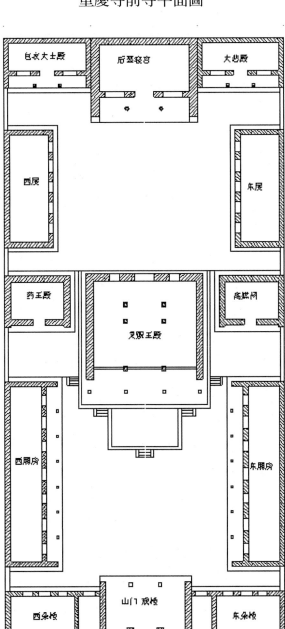

（來源：北京清華城市規劃設計研究院提供）

重慶寺後寺平面圖

山 門 公 路

（來源：北京清華城市規劃設計研究院提供）

北吉祥寺平面圖

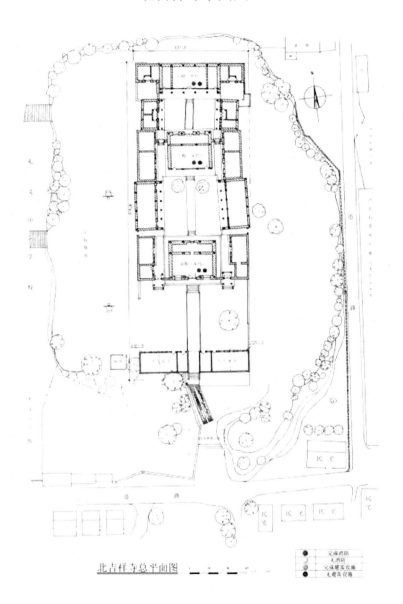

（來源：北京清華城市規劃設計研究院提供）

南吉祥寺平面圖

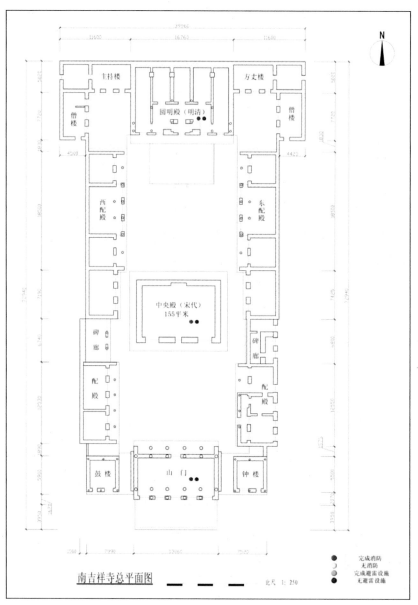

（來源：北京清華城市規劃設計研究院提供）

龍興寺平面圖

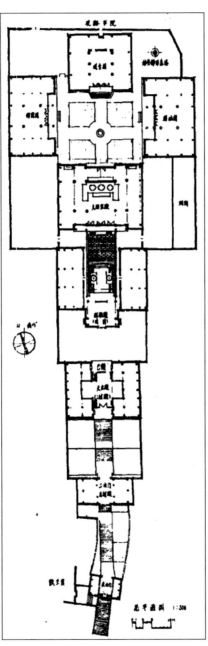

（來源：黃善言等，沅陵龍興寺，古建園林技術，1992（03））

延福寺平面圖

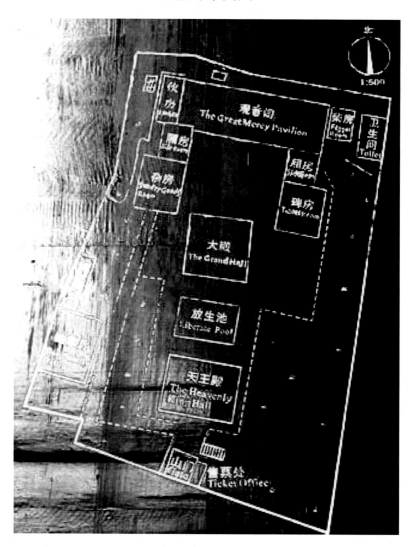

（來源：blog.sina.com.cn/s/blog_3fcec51801010003.html）

毗盧寺平面圖

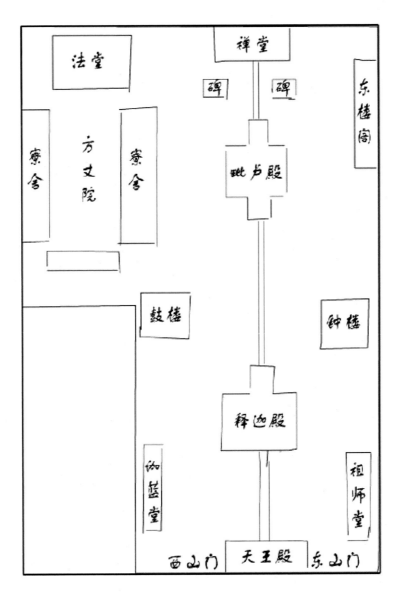

（來源：蘇金成，石家莊毗盧寺水陸畫研究，東南大學碩士學位論文，
2006）

覺生寺平面圖

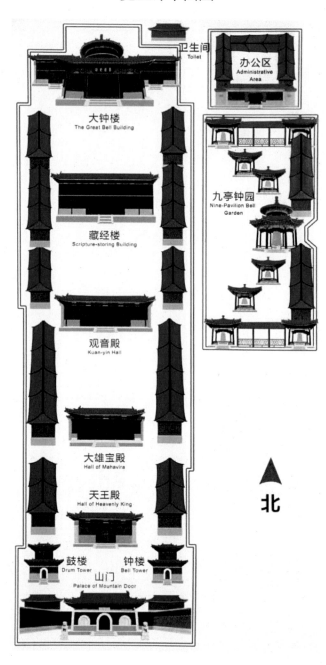

（來源：自攝）

潭柘寺平面圖

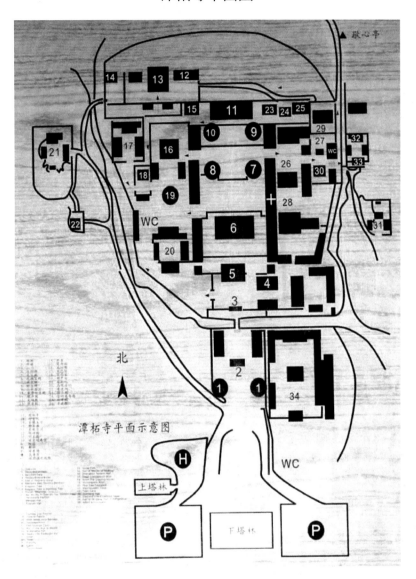

（來源：自攝）

碧雲寺平面圖

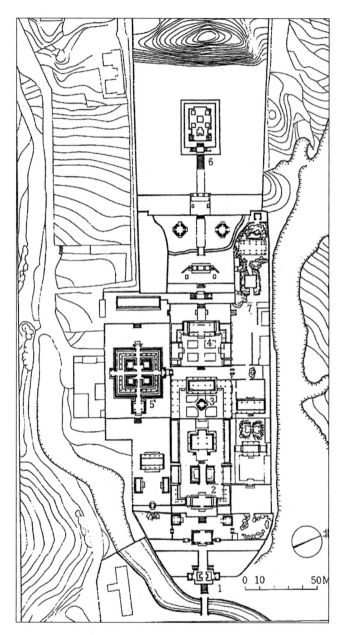

（來源：孫大章、喻維國主編，中國美術全集·建築藝術編（4）宗
教建築，北京：中國建築工業出版社，1988：10）

正覺寺平面圖

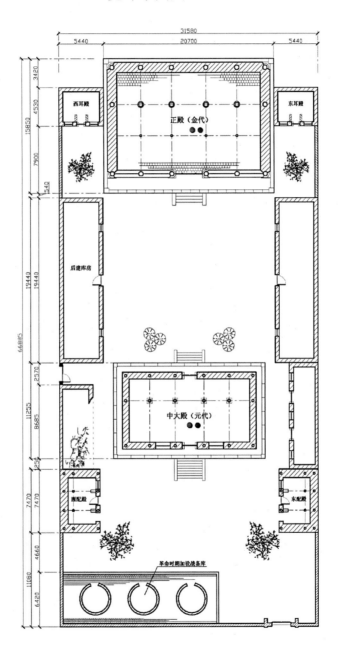

（來源：北京清華城市規劃設計研究院提供）

龍岩平面圖

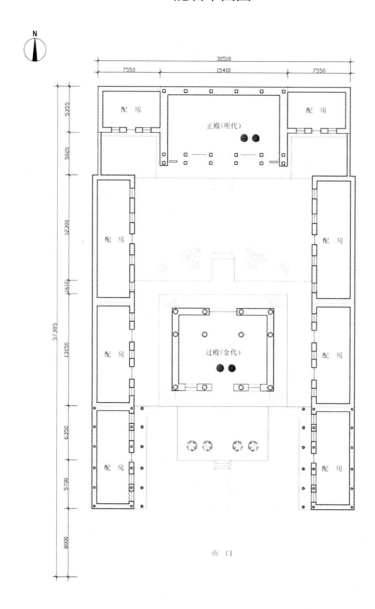

（來源：北京清華城市規劃設計研究院提供）

淳化寺平面圖

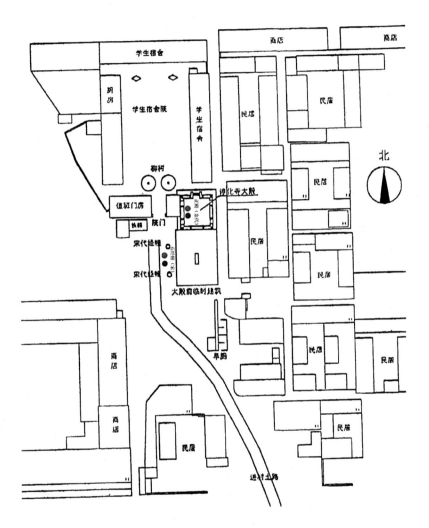

（來源：北京清華城市規劃設計研究院提供）

大悲院平面圖

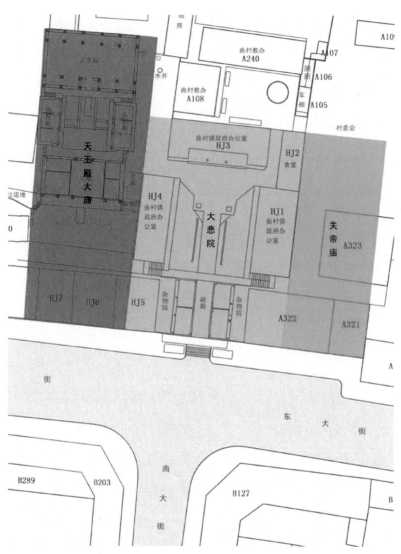

（來源：北京清華城市規劃設計研究院提供）

沁縣大雲院平面圖

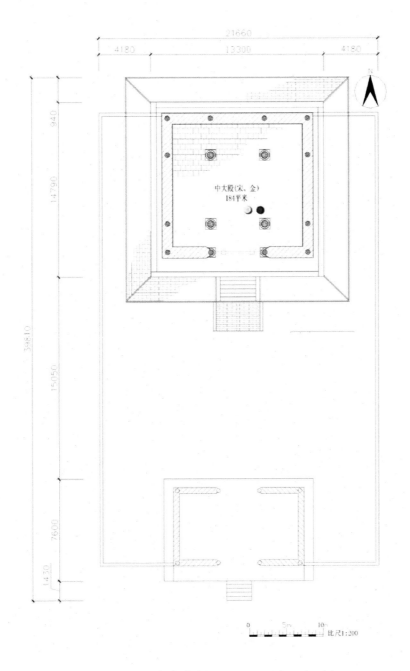

（來源：北京清華城市規劃設計研究院提供）

清涼寺平面圖

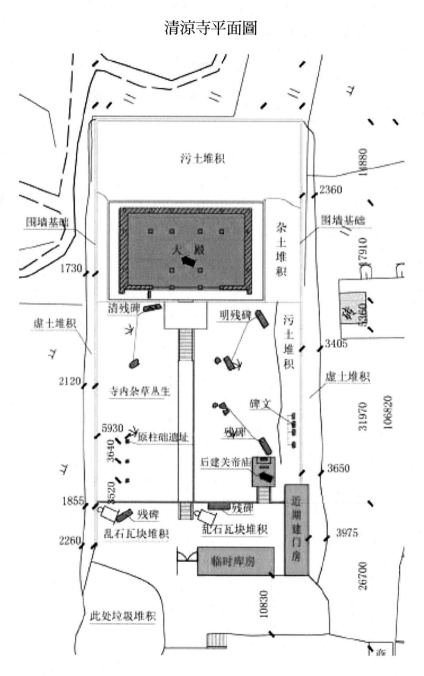

（來源：北京清華城市規劃設計研究院提供）

洪濟院平面圖

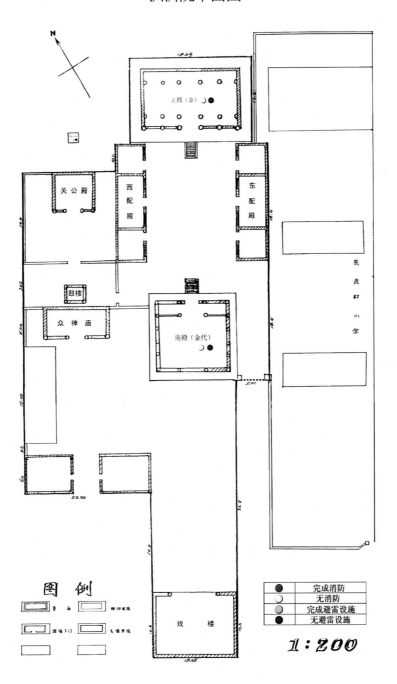

（來源：北京清華城市規劃設計研究院提供）

武鄉縣大雲寺平面圖

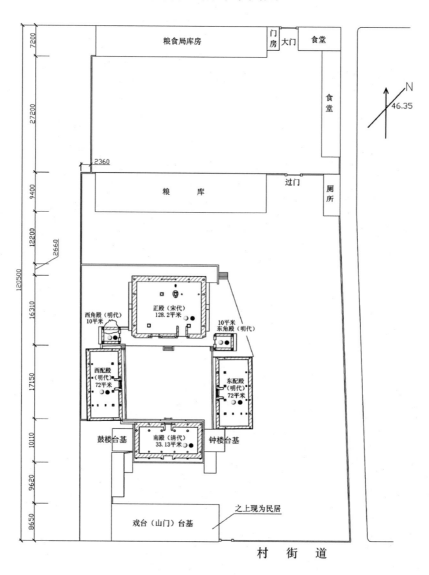

（來源：北京清華城市規劃設計研究院提供）

香嚴寺平面圖

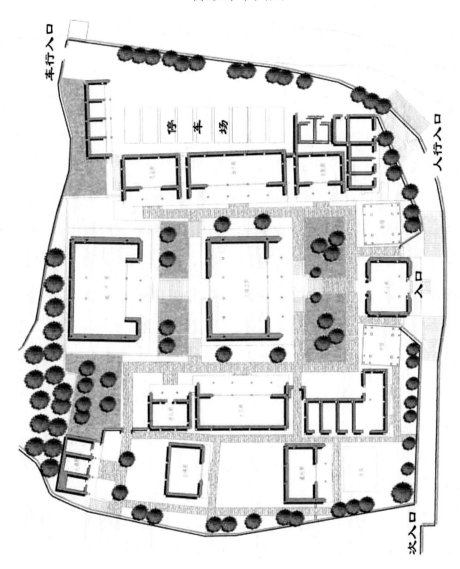

（來源：《山西省柳林縣香嚴寺保護規劃》）

太陰寺平面圖

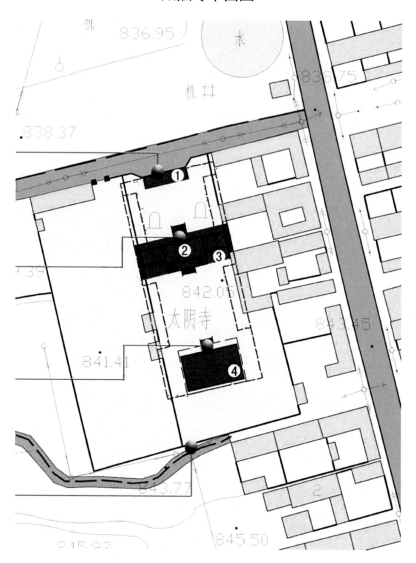

（來源：北京清華城市規劃設計研究院提供）

崇明寺平面圖

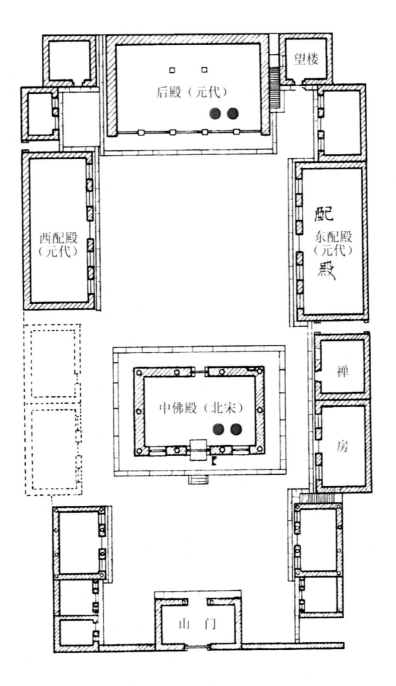

（來源：北京清華城市規劃設計研究院提供）

開化寺平面圖（鐘鼓樓復原之前）

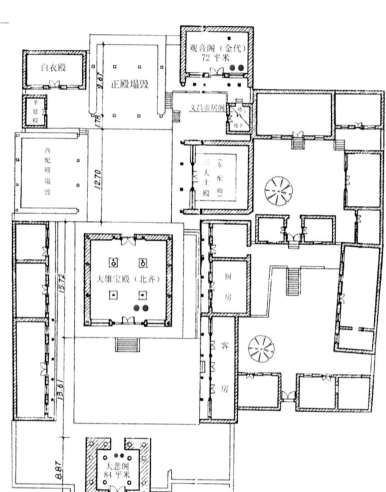

（來源：北京清華城市規劃設計研究院提供）

遊仙寺平面圖

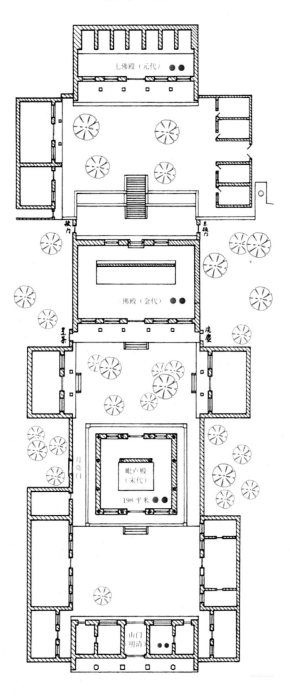

（來源：北京清華城市規劃設計研究院提供）

定林寺平面圖

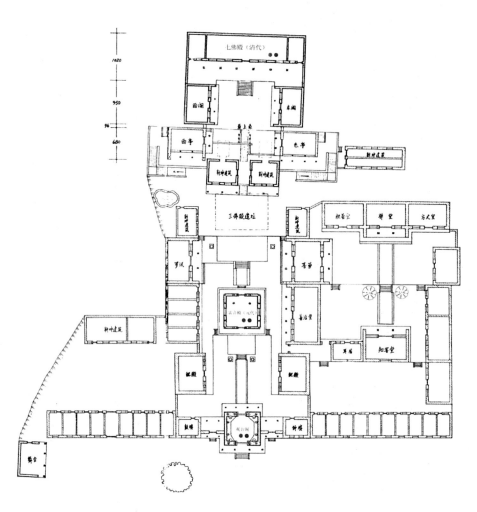

（來源：北京清華城市規劃設計研究院提供）

青龍寺平面圖

（來源：北京清華城市規劃設計研究院提供）

原起寺平面圖

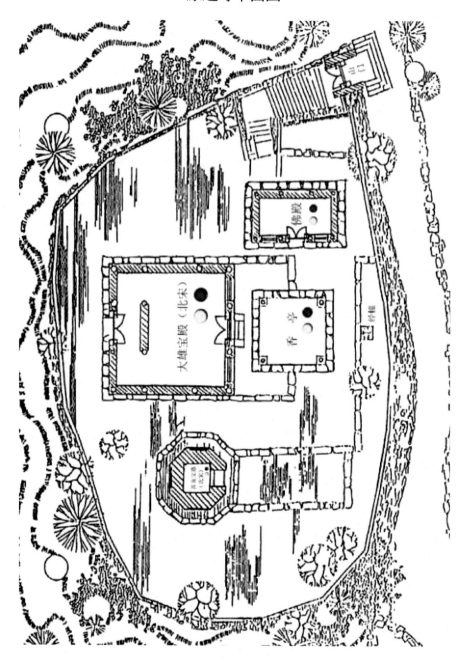

（來源：北京清華城市規劃設計研究院提供）

國清寺平面圖

0　10　20　30　40m

花圃　花攤

妙法堂

大雄寶殿

梅亭

迎塔樓

修竹軒

文物室

說法堂

禪堂

觀音殿

空地

雨花殿

樂賢堂

客堂

大廚房

八功德池

鼓樓

鐘樓

安養堂

商店

弥勒殿

法物流通处

放生池

山門

國清寺总平面图

僧舍

北

(陈公余测绘于1982年)

（來源：陳公餘、任林豪，天台宗與國清寺，北京：中國建築工業出版社，1991）